Gerd Winner

Berlin
London
New York

Christian W. Thomsen

Gerd Winner
**Berlin – London – New York
Urbane Strukturen**

Prestel
München · London · New York

Ingema Reuter-Winner gewidmet

Vorwort

Allen, die am Zustandekommen dieses Buches mit Rat und Tat beteiligt waren, insbesondere den Mitarbeitern des Prestel-Verlages, Johannes Graf v. Preysing und dem Buchgestalter Rainald Schwarz sei herzlich gedankt. Die sachkundige, engagierte Zusammenarbeit mit ihnen hat nun schon seit etlichen Jahren Bestand und bereitet immer wieder Vergnügen.
Dr. Otto Foit, Geschäftsführer des Herz- und Diabeteszentrums Nordrhein-Westfalen, Franz Kook, Vorstandsvorsitzender der Duravit AG in Hornberg, Günter Distelrath, Direktor der Kreissparkasse Goslar in Salzgitter-Bad sowie seine Vorstandskollegen Rolf Schima, Dr. h.c. Manfred Bodin und Dr. Hans Armin Curdt haben mit Winner-Ausstellungen zum Gelingen dieses Projektes beigetragen. Dank auch ihnen, ebenso wie meinem Sohn Jörg und vor allem meiner Frau, Inge, für vielfältige Mitarbeit und unermüdlichen Einsatz in Sachen Gerd Winner.
Und dann natürlich Gerd Winner selbst, von dem jeder Eingeweihte weiß, daß es erheblich einfacher ist, den Papst oder den Bundeskanzler zu erreichen als ihn, den Dauer-Pilger zwischen Nord- und Süddeutschland, zwischen Berlin, New York und Salzgitter-Vienenburg. Er, der seinen Jahresurlaub an einem Mittwochvormittag zwischen 8 und 11 Uhr nimmt, er, dem jedes Aufheben um seine Person zuwider ist, hat geduldig Stunden, Tage, Wochen für dieses Buch Rede und Antwort gestanden, ist mit uns auf Reisen zu seinen Werken gegangen und hat gemeinsam mit uns die schier unergründlichen Labyrinthe seiner Photo- und Diakartons, andere nennen so etwas Archiv, durchwühlt. Es war eine schöne Zeit.

Christian W. Thomsen

Inhalt

7	**Begegnungen**
30	**Realistische Figurationen im Frühwerk**
39	**Zeichen der Warnung – Zeichen der Verweigerung: Emergency und NO**
58	**Metamorphosen des Urbanen: Von den Arabian Walls zur Kölner U-Bahn**
58	Arabian Walls
62	Light/Shadow (1981) – Licht/Schatten (1986/87)
75	**Stadtsichten – City Views Berlin – London – New York**
75	Berlin
84	London
115	New York
133	**Roadmarks, Wegekreuze und Kreuzwege**
145	**Baubezogene Kunst**
164	**Architekturphotographie als Kunst**
164	Rückblick
177	Einblick
177	Ausblick
181	**Biographie, Projekte und Ausstellungen**
190	Arbeiten in öffentlichen Sammlungen
190	Filme/Fernsehbeiträge
190	Filme über Gerd Winner
190	Theaterprojekte, Mitarbeit an Bühnenbildern
191	Auswahlbibliographie

**Times Square, N.Y., 1986,
100 x 70 cm, Serigraphie**

»Wenn ich dir sage, daß die Stadt, der meine Reise gilt, keine Kontinuität in Raum und Zeit besitzt, einmal lockerer und einmal dichter ist, so darfst du nicht meinen, daß man mit dem Suchen aufhören könnte.«

Italo Calvino

BEGEGNUNGEN

»Mit dem Öffnen der Augen sehen wir Bilder, mit geschlossenen Augen träumen wir Bilder.«[1]

Angeregt und ediert von Ernst August Quensen startete die FAZ 1988 im Hinblick auf das bevorstehende Jahr 2000 ein Projekt der Befragung und bildnerischen Auseinandersetzung von zwanzig Künstlern aus elf Nationen zum Thema ›Medien der Zukunft – Zukunft der Medien‹. Zustande kam eine sehenswerte und spannungsvolle Graphikedition von zwanzig Blättern mit Begleittexten. Diese brachten zwar kaum etwas Relevantes über die Medien der Zukunft zum Ausdruck, aber viel Erschrecktes, Angstvolles, Verunsichertes, ja geradezu Apokalyptisches über die Zukunft der Medien und durch Medien. Medienkünstler selbst befinden sich noch gar nicht unter den Ausgewählten, und rückblickend wird man gewahr, welch rasanter Wandlungsprozeß und Umbruch hin zu den Gestaltungsmöglichkeiten einer Vielzahl neuer Medien sich binnen eines Jahrzehnts vollzogen hat. Nur einer schlug eine positiv-utopische Grundnote an, Heinz Mack.

Noch immer beseelt vom Aufbruchsgeist und den technischen Visionen der ZERO-Gruppe trug er, unter zeitgemäßen ›updates‹, noch einmal Ideen vor, die er bereits 1959 für sein ›Sahara-Projekt‹ entworfen hatte:

»Reflektoren auf dem Mond plaziert, würden von Lasern angestrahlt – gläserne Prismen projizieren farbige Regenbögen auf die Eisfelder des Nordpols, und elektronische Klangwolken schweben über den Großstädten, deren Fernsehbilder auf künstliche Wolken projiziert werden, die wiederum von Laserstrahlen durcheilt werden, die imaginäre Hologramme in den Raum blenden.
Oder Spiegelplantagen brechen facettenreich die Umwelt, so daß die Realität und ihre Spiegelbilder austauschbar werden (…).«[2]

Noch niemand redete seinerzeit von Virtual Reality-Technologien und ihren künstlerischen Implikationen. Mack aber entwirft demiurgisch eine Kunstwelt in einem Landschaftsbild mit spiegelnder Scheibe, die Sonnenlicht und Himmel reflektiert und auf dem Wasser einen Halbkreis beschreibt, mit einem Mond samt eigener atmosphärengleicher Hülle und neuen künstlichen Sternen. Implizierter Tenor: Mag auch die Apokalypse dräuen, mit neuen Techniken und neuen Künsten bauen wir eine noch schönere neue Welt wieder auf! Mittlerweile hat selbst Heinz Macks Optimismus gewisse Trübungen erfahren, obwohl oder gerade weil uns derzeit in einer Renaissance blauäugigen Fortschrittsdenkens von Regierenden und der Industrie die schöne neue Medienwelt auf den Datenautobahnen und sonstwo in den glühendsten Farben geschildert wird. Wer sich jedoch des öfteren und professionell im Internet aufhält, weiß neben den durchaus lobenswerten Aspekten um die Müllberge, die alltäglichen Staus, die zeitraubenden Suchaktionen in der virtuellen ganz wie in der konkret-materiellen Realität.

Doch nicht Macks cool-glänzende Kunstwelt war es, die mich ästhetisch aufregte, sondern das letzte Blatt dieser Edition, ein kurz zuvor entstandenes Bild aus Gerd Winners neuem *Times Square*-Zyklus. Es war meine erste Begegnung mit Winner überhaupt, just zu einem Zeitpunkt, da ich an einem Buch mit dem Titel *Literarchitektur* über Wechselwirkungen von Literatur, Kunst und Architektur im 20. Jahrhundert schrieb. Das Bild traf Augen und Hirn wie ein visueller Schock, jagte mir einen Adrenalinstoß durch die Adern, ging unter die Haut und in die Nervenbahnen. Hier hatte einer mit den Mitteln von Photographie, Siebdruck und Malerei erfahrbar gemacht, was mich vom persönlichen Erleben, von Literatur und Architekturgeschichte her umtrieb, was ich so nicht zu artikulieren vermochte, schon gar nicht bildlich. New York, dieses einzigartige Vivarium eines mit Artefakten prall gefüllten Architekturmuseums des 20. Jahrhunderts, war mir noch nie so zeichenhaft bewußt geworden. Winners Bild kombiniert die multiplen Schichtungen unserer Wahrnehmungsvorgänge modernen Großstadtlebens mit der sinnlichen Freude des Einsaugens und Verdichtens von Stadt und ihren architektonischen Monumenten, mit symbolischer Deutung eben jener Stadt

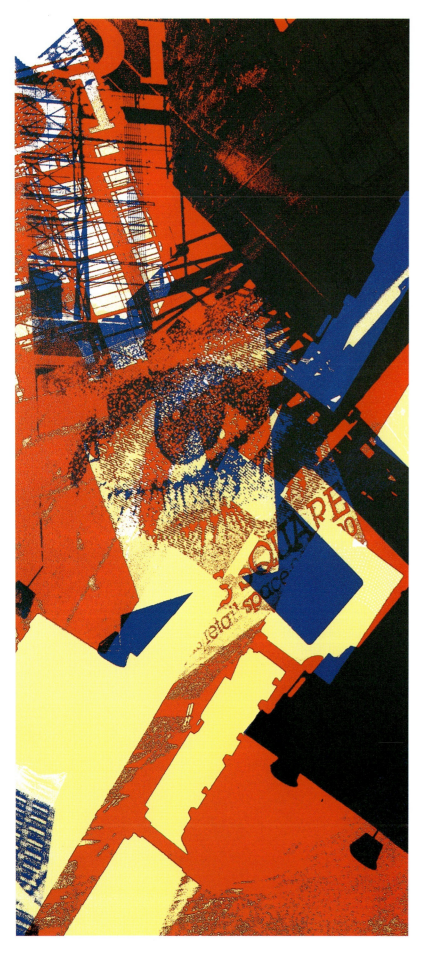

Times Square, N.Y., 1992, 195 x 130 cm, Acryl auf Leinwand (Ausschnitt)

sowie ihrer und ihrer Bewohner Existenz. Da vermitteln sich Tempo, Hektik, Lärm, Farbe, Multikulturalität, Dynamik, Prozessualität, Gefährdung ebenso wie Rausch der Sinne.

Kompositorisch dominieren ansteigende, emporstrebende Linien, aber es gibt auch düstere Abstürze. Diagonalen, welche jegliche strukturale Ruhe und Festigkeit durchschneiden, stören, verunsichern, ziehen dem Betrachter den Boden unter den Füßen weg. Sie verbinden sich mit ausgeklügelter Ästhetik und einem wahren Farbenrausch. Dessen Blutrot hat aber auch düstere Untertöne zu Nachbarn: Verzweiflung, Schmerz, Absturz ins Bodenlose. Da ist Wirbel, Taumel, visionäre Tendenz, Aufwärtsbewegung und ambivalenterweise gleichzeitig die Gegenbewegung: Fall, Abrutschen, Fragmentierung, Zerstörung.

Textbilder, Werbebotschaften als moderne Heilsverkünder, setzen dramatische Akzente. Geworben wird für Alkohol und Medien, zwei Rauschmittel, welche die Bewohner der Stadt aus dem Gleichgewicht zu bringen vermögen. Obwohl scheinbar traditionelles Bild, integriert es doch mediale, filmische Techniken, benutzt Photographien und in seinen neuesten Filiationen digitale Postproduktionsmethoden, die es aber seinerzeit noch gar nicht gab.

Und Winner hat seinem Bild einen Text zur Seite gestellt, der in Worte faßt, was das Bild simultan, aber geschichtet präsentiert:

»Times Square. N.Y. No Stopping any time 1986
Metamorphose eines Stadtbildes.
Das Gleichzeitige, das Nacheinander, das
Vergängliche. – Ausblick, Vision.
Times Square – No Stopping any time.
Tag Stadt – Nacht Stadt, in Bewegung.
Architekturen, verlassen und unbewohnbar.
Schwarz über Wand und Fenster, davor, darüber
turmhohe Stahlgerüste, die Konsumträume des
Menschen in Glimmer und Lichtspiel,
gleichfalls austauschbar, wie vergänglich.
Illusion und Wirklichkeit in hartem Kontrast:
Meltingpot, Times Square. Das Außen – Das Innen!
Ambivalenz von Faszination und Angst,
Aufnehmen – Bewahren, Innehalten.
Symbiose von Vergänglichkeit und Zukunftshoffnung.
Bilder vor Augen, die nach innen blicken.
Angst vor Träumen, Faszination, auch ein Stück
›American Dream‹, gleichfalls Enttäuschung,
Flucht aus der Wirklichkeit in Drogen und Prostitution:
Ersatzbefriedigung einer unerreichbaren Illusion
Stadtcanyon – Schlucht – Demolition
Wirklichkeitserfahrung als Versuch eigener Standortbestimmung. Befragung der Wirklichkeit aus der
Ohnmacht. Fragen als Bild unter Bildern.
Utopien und Visionen von babylonischen und
apokalyptischen Stadtbildern oder Metamorphose
von Stadtbildern Berlin – London – New York – Tokyo.
Times Square. N.Y. No stopping any time?«[3]

Dies ist gleichzeitig poetische Umschreibung des Bildinhalts wie theoretische Standortbestimmung und Selbstbefragung nach den Themen, die im Künstler stecken und nach bildnerisch gestaltetem Ausdruck verlangen.

So ein Winner-Bild mußte in mein Buch, in dem New York ohnehin eine wichtige Rolle spielte. Gesagt, getan. Aber es dauerte noch drei weitere Jahre bis wir uns persönlich zum ersten Mal trafen, auf der Liebenburg bei Braunschweig, Winners Wohnsitz. Ich wollte eine Ausstellung mit Times Square-Bildern vorbereiten. Zwei Seelenverwandte lernten sich kennen und wurden rasch gute Freunde. Inzwischen wußte ich, daß es da noch sehr viel mehr gab, was meinen eigenen Architekturinteressen entgegen kam, hatte neben den *Times Square*-Zyklen Teile seiner *Berlin-Suiten* und der *London Docks*-Serien gesehen. Ich hatte mittlerweile gelernt, daß es zumindest unter den deutschen Künstlern niemanden gab, der derart intensiv Faszination durch Architektur und Stadtlandschaften unter Entwicklung eines ganz eigenen Stils ins Bild zu bannen und umzusetzen wußte.

Die Tatsache, daß Gerd Winner ein kleines Barockschloß, das zuvor als Amtsgericht gedient hatte, zu Wohnsitz und Arbeitsstätte gemacht hat, hat, im Gegensatz zu manch anderem deutschen Maler, nichts mit irgendwelchen feudalen Neigungen seines Besitzers zu tun. Im Gegenteil, Winners Auftritt war und ist stets freundlich, bescheiden, zurückhaltend. Um seine Person hat er nie viel Aufhebens gemacht, sie immer hinter das Werk gestellt. Die zwar denkmalgeschützte, aber halb verfallene Liebenburg gab es seinerzeit fast umsonst, und ihr Wiederaufbau ist Winners und seiner Frau eigenhändiges Werk. Sie dient als Refugium und als Arbeitsplatz, an dem sich Projekte planen, entwerfen und realisieren lassen.

Zwar löst sich ein künstlerisches Œuvre von seinem Schöpfer, wird autonom, bleibt aber in seinem Gestus, der Persönlichkeit seines Ausdrucks, untrennbar dem verbunden, der es geschaffen hat. Und daß Winner auf der Liebenburg nahe Braunschweig gelandet ist, dem barocken Restbestand einer einstmals weitläufigen mittelalterlichen Burganlage, die wegen ihrer strategischen Position am Schnitt- und Kontrollpunkt mehrerer alter Handelswege vorübergehend sogar Wallenstein als Hauptquartier gedient hatte, ist nicht seiner oder seiner Frau Ingema Reuters Neigung zu Glanz und Repräsentation zu verdanken, sondern dem Umstand, daß es hier mehrere Nebengebäude gibt, in denen sich Werkstätten unterbringen, Studenten und Mitarbeiter behausen, Farben und Säuren ohne jene umfangreichen Sicherheitsvorkehrungen lagern und verarbeiten lassen, die in Innenstädten kostentreibend notwendig wären.

Außerdem sind viele von Ingema Reuters Bildern noch weit großformatiger als die ihres Mannes, und kein modernes Haus in unseren Breiten kann mit den Wandflächen mithalten, die so ein Barockschloß bereithält. Mit den Annehmlichkeiten des Wohnens in einem derartigen Gemäuer ist es hingegen eher kärglich bestellt. Man denke nur an die immensen Heizkosten, die das rauhe Klima im Vorharz von solch einem Gebäude fordert. So ist der wohnlichste Raum im ganzen Haus denn auch die wie eine Schiffskabine oder Gebirgs-

oben:
42nd Street, R NOT, 1994, 165 x 165 cm, Acryl auf Leinwand
unten:
42nd Street, Amsterdam Lyric, 1995, 196 x 196 cm, Acryl auf Leinwand

Begegnungen 9

Berlin Suite II, 1987, 140 x 100 cm, Mischtechnik auf Bütten (Ausschnitt)

bauern-Kuchl als rundum hölzerne Kapsel in das Erdgeschoß eingebaute Küche. Wenn man nun dort auf der Holzbank sitzt, heißen Kaffee schlürft oder einen Roten trinkt, während der Hausherr Brot vom Laib schneidet, Köstlichkeiten an Käsen und Würsten und Schmandkuchen vor einem ausbreitet, fühlt man sich an die bäuerlichen Vorfahren Gerd Winners erinnert. Denn Essen und Trinken halten allemal Leib und Seele zusammen. So etwas wie Sonne und ein Anflug von Farbe geraten dann auch in Gerd Winners meist blasses und überarbeitetes Gesicht, wenn er sagen kann: »Du, wir müssen aber auch etwas essen und etwas trinken.« Der Restaurantbesuch mit ihm gerät jedesmal zur Quelle reinen Vergnügens, weil Essen und Trinken für ihn nicht Nahrungsaufnahme, sondern ästhetisch-sinnliche Art der Weltaneignung sind.

Wie von jemandem, der die Geschichte des Rades ins Bild gesetzt hat und dessen Werke sich durch Dynamik, Expressivität und Bewegungsmetaphern auszeichnen, nicht anders zu erwarten, ist Gerd Winner immer »on the move«. Er pendelt zwischen seinen beiden Wohnsitzen auf der Liebenburg und in München, zwischen denen er die Woche aufteilt, nimmt dazwischen zahllose Termine wahr, spricht mit Studenten und Mitarbeitern, arbeitet in Atelier und Werkstatt, reist viel und gerne, ist dabei organisiert und präzise. Wie viele Leute seiner Statur, die sich durch das auszeichnet, was der Wiener euphemistisch ein »Embompointerl« nennt, wirkt Winner nie hastig, aber behende. Wenn er geht, hat es den Anschein, als rolle er, eine einzigartige Bewegungstechnik, die ich sonst nur von den akrobatischen Tänzern der Donkosaken kenne.

Es ist ein Vergnügen, ihn bei der Arbeit zu beobachten, der prüfende Blick, die kurzen, knappen Anweisungen, die flinken, gedrungenen, sensiblen, nur scheinbar patschigen Hände, wie sie schon Lavater als typische Künstlerhände ausmachte.

Gerd Winner bei der Kamera-Arbeit vor dem Brandenburger Tor: ein Fels in der Brandung. Unbeeinflußt vom Verkehr, der ihn im wahrsten Sinne des Wortes umspült, umbrandet, steht er da mitten auf der Straße, probiert konzentriert und seelenruhig Einstellungen, Doppelbelichtungen, Helligkeitswerte aus.

Gerd Winner vor dem Neubau von Daniel Libeskinds Jüdischem Museum. Die Gelassenheit ist äußerster Spannung, ja Erregung gewichen. Das hat er nicht erwartet, das ist neu, ein moderner Bau nicht nur als Kunstwerk, sondern als ambivalentes Zeichen ganz in seinem Sinne.

Gerd Winner im Dominikanerkloster St. Albertus Magnus zu Braunschweig, wo er das große, drehbare Altarkreuz, den Kreuzweg, Meßgewänder, Kelche und mit Ingema Reuter zusammen eine Marienkapelle gestaltet hat, durch und durch der Künstler als Handwerker, der im sakralen Raum ohne jegliche andachtsvolle Pietät sachlich erläutert, warum er zu welchen Lösungen gelangt ist.

Gerd Winner beherrscht, worüber nur wenige exzellente Künstler verfügen, nicht nur die Gabe seiner eigenen künstlerischen Kreativität, sondern auch das didaktische Geschick, sich mitteilen, andere anleiten und zudem theoretisch auf hohem Niveau und mit profunden Kenntnissen über die eigene und anderer Künstler Arbeit

reflektieren zu können. Das macht die Diskussionen mit ihm zum Genuß.

Mit großer Konzentration vermag er Werke zu analysieren und sie gleichzeitig in kunsthistorische Traditionen und Zusammenhänge einzubetten. Daneben aber verliert er nie den handwerklich-technischen Blick des Machers, der genau weiß, was einzelne Drucktechniken, Farben, Farbaufträge, Malstile zu leisten vermögen. In Verein mit Toleranz und unbestechlichen Qualitätskriterien macht ihn das zu einem Künstler, der die eigene Subjektivität einzubringen imstande ist, sie aber als Lehrer auch relativieren und transzendieren kann.

**Kreuztrilogie Rosenkranz, incarnatio – passio – glorificatio,
1986/87, 700 x 715 cm, Mischtechnik auf Leinwand,
Dominikanerkirche St. Albertus Magnus, Braunschweig**

**vorhergehende Seite:
Berlin Suite II, 1987, 140 x 100 cm, Mischtechnik auf Bütten**

BIOGRAPHISCHE NOTIZEN.
KÜNSTLERISCHE POSITIONEN

»Bilder, die ich glaubte schon in mir zu haben,
als ich sie sah!«

Künstlerische Positionen haben aufs engste mit den Veranlagungen und Neigungen des jeweiligen Künstlers zu tun, aber auch mit biographischen Ereignissen. Gerade am Werk Gerd Winners kann man demonstrieren, daß die Kritik sich im luftleeren Raum bewegen würde, wollte sie von Herkommen, Ausbildung, prägenden Erlebnissen und Einflüssen absehen. Dabei gewinnen mit wachsendem Alter die Schlüsselerlebnisse aus jungen Jahren neue Valeurs und Wertigkeiten, revitalisieren sich auf anderen Ebenen der Reflexion wie des handwerklichen Könnens.

Winners Vorfahren sind über Jahrhunderte hinweg Bauern gewesen. Der Vater stammt aus Veitsaurach in Franken, die Mutter aus Rekow in Pommern, beide aus Familien, die durch intensiv gelebten Katholizismus und Kinderreichtum geprägt waren.

Anna Paulina Josefa Schoch, Gerd Winners Mutter, war das elfte Kind, und da es bei so vielen Kindern auf dem elterlichen Hof nichts mehr zu beißen, geschweige denn zu teilen gab, zog es sie in die große Stadt. Sie verdingte sich in Berlin, wo sie Franz Xaver Winner, den Neubauer Franz, traf, der dort beim 17. Regiment der Schwarzen Husaren seinen Wehrdienst ableistete. Sie lernen sich kennen und lieben, und als die Schwarzen Husaren nach Braunschweig verlegt werden, heiraten sie. Der Vater wird später Postbeamter, und Braunschweig für Jahrzehnte Wohnort der Familie. Dort werden 1928 die Tochter Anna Maria und 1936 Sohn Gerd geboren. »Die familiären Bindungen sind fest.«

Gerd Winner ist stets ein bindungsstarker Mensch gewesen und geblieben: Familie, Verwandte, Freunde, Lehrer und Kirche; sein Künstlertum ist nicht wie bei vielen anderen aus rebellischem Aufbegehren gegen Konventionen und kleinbürgerliches Elternhaus erwachsen. Im Gegenteil, er hat alle diese Beziehungen über Jahrzehnte gepflegt, selbst die ins väterliche Bauerndorf Veitsaurach im abgeschiedensten Franken, von denen er noch immer bilderreich zu erzählen weiß.

Das bäuerliche Erbe des Elternhauses ist ihm bis auf den heutigen Tag Kraftquell und Vorbild geblieben. Vielleicht ist auch dies ein nur halbbewußter Beweggrund, daß Winner, der Stadt-Künstler, seit einem Vierteljahrhundert auf dem Lande lebt, während seine lebenslang dem Land und der Natur verbundenen Eltern in der Stadt ihren Unterhalt verdienen mußten. Der Vater ist ihm durch seine schnörkellose Geradlinigkeit und absolut preußische Beamtenmentalität in Erinnerung, die sich aber nicht mit Engstirnigkeit, sondern mit Toleranz und positiver Grundeinstellung zum Leben verband. Den steinigen Weg einer Künstlerkarriere akzeptierte er ohne Widerspruch, die Erfolge des Sohnes hat er nicht mehr erlebt, da er bald nach dessen zweitem Staatsexamen starb.

Winners Mutter Anna muß eine überaus starke und eindrucksvolle Persönlichkeit gewesen sein, der der Sohn weit über den Tod hinaus in liebevoller Erinnerung gedenkt. Kraftvoll, bäuerlich, christlich, lebensklug bezog sie ihre Tatkraft und Phantasie aus einem tief empfundenen und gelebten Christentum. Offensichtlich war sie eine Meisterin der Improvisation. »Meine Mutter konnte zaubern. Noch in den Zeiten der kärglichsten Lebensmittelzuteilungen nach dem Kriege ging keiner bei uns aus dem Haus, ohne von ihr verköstigt worden zu sein.« Die Winners besaßen zwar kein intellektuell geprägtes Verhältnis zur Kunst, lebten aber mit einer Fülle von Bildern, Kunstdrucken, Heiligenbildern und Skulpturen, die sich als unverzichtbarer, selbstverständlicher Teil von Lebenskultur früh in das Bewußtsein des Sohnes eingegraben hat. So ist ihm Elternhaus und der weitere Familienkreis stets sozialer Rückhalt geblieben, auch wenn er nicht jene Beamtenlaufbahn einschlug, die der Vater als Sicherheit erhoffte. Daß er viel später, als Akademieprofessor, doch noch Beamter – und bayrischer obendrein – wurde, mag man als Ironie des Schicksals deuten.

Zunächst aber war er mitten im Krieg, 1942, eingeschult worden und erlebte als kleiner Bub die vielfach wiederholten Bombardierungen Braunschweigs, die Zerstörung der elterlichen Wohnung, Evakuierung in eine Dienstwohnung der Reichsbahn bei seiner Tante im Bahnhof zu Elmen bei Fallersleben, bis auch dieser Ausweich ausgebombt wurde. »Bei der Rückkehr in das durch Bomben weitgehend zerstörte Braunschweig erlebte ich als 8jähriger einen Schock, der Nachbilder der zerstörten Stadt tief in meine Phantasie einbrannte.« Dort wirken sie sich später auf seine künstlerische Produktion aus.

1947–56 besucht Gerd Winner das Wilhelm-Raabe-Gymnasium in Braunschweig. Und wo immer auch er sonst Anker geworfen hat, in Berlin, Helsinki, London, München, Tokio, New York – Gerd Winner ist Braunschweiger geblieben. Die Provinzmetropole nimmt in seinem Herzen den Rang einer echten Vaterstadt ein. Er sagt, daß er Teile des Wiederaufbaus von Braunschweig wie einen Schwamm in sich aufgesogen habe. Er, den man seinem bodenständigen, erdhaften Ansehen nach ohnehin eher auf dem Lande als in der Stadt vermuten würde und den doch ein glühendes Faible für die echten Metropolen antreibt, lebt seit 1974 auch im Braunschweigischen, eben auf der Liebenburg, die er für wenig Geld erworben und zusammen mit Ingema weitgehend mit eigener Hände Arbeit von einer denkmalgeschützten, aber unbewohnbaren Halbruine zu Heim und Arbeitsstätte renoviert hat.

Der Abiturient Gerd Winner konnte von all dem nichts ahnen. Hinter einer halbherzigen Bewerbung bei der Bundesbahn, um dem Vater Genüge zu tun, träumte er von einer Künstlerkarriere als Schauspieler. Diese Flausen redete ihm seine Deutschlehrerin aus, die ihm bedeutete, daß es genug arbeitslose Hungerleider-Schauspieler gebe. Wenn schon nicht Schauspieler, dann bildender Künstler, dachte Gerd Winner, sehr zum Kummer seines Vaters, und malte sich seinen Frust von der Seele. Daß er zu jenen 27 unter 300 Bewerbern gehörte, die die Aufnahmeprüfung als Bundesbahnanwärter bestanden hatten, und folglich in eine Laufbahn bei der Bundesbahn übernommen

Wand in Berlin, 1968, Photographie (Ausschnitt)

Berlin Suite I, 1979, je 101,5 x 76,5 cm, Serigraphie

vorhergehende Seite:
Siegesgöttin auf der Siegessäule
diese Doppelseite:
**Hotel Metro, Kurfürstendamm – Pissoir, Moabit –
Fabrikhof, Kreuzberg – U-Bahnhof Hallesches Tor**
nachfolgende Seite:
Schmiedewerkstatt Marcus, Schöneberg

Biographische Notizen. Künstlerische Positionen 17

worden wäre, die ihn zum Bahnhofsvorstand oder wer weiß wohin gebracht hätte, erfuhr Gerd Winner erst Jahrzehnte später, denn er hatte sich die Prüfungsergebnisse nie abgeholt. Sein bis heute anhaltendes Faible für Bahnhöfe, Lokomotiven und ständige Bewegung stammte vor diesem Hintergrund nicht von ungefähr, sondern bestätigt nur einmal mehr die psychologischen Thesen von der Wirkungsmacht früher Erlebnisse. Winners Kunsterzieher, Gottlieb Mordmüller, später Rektor der Hochschule für bildende Künste Braunschweig, fand Gefallen an den freien Arbeiten Winners und ermunterte ihn zu einer Bewerbung an der Hochschule für Bildende Künste (HfBK) Berlin. Dort studierte Winner ab 1956 bei Werner Volkert »Malerei und Graphik auf Lehramt« wie die Studenten heute sagen. Die pädagogisch-didaktische Ausbildung hat ihm sicher nicht geschadet, zumal er von 1962 bis 1964 in Berlin auch seine Referendarjahre ableistete, aber sie hat ihn zeitlich in seinen künstlerischen Entfaltungsmöglichkeiten eingeschränkt.

Nach drei Semestern erhielt Winner ein volles Stipendium der ›Studienstiftung des Deutschen Volkes‹, »wofür ich mich heute noch bei Gott auf Knien bedanke«. Speziell in den kargen Nachkriegsjahren übte die Studienstiftung eine besonders segensreiche Wirkung auf junge Künstler und Wissenschaftler aus, da sie einen leistungsbezogenen, aber zugleich altruistischen, internationale Horizonte öffnenden Geist in ihre Stipendiaten pflanzte und u.a. darauf drang, daß diese ein Jahr im Ausland studieren sollten. Ein solches Angebot erging auch an Gerd Winner, der sich für die Kunstakademie in Helsinki entschied, weil Fahrten nach Skandinavien sein Interesse an finnischem Design und finnischer Architektur geweckt hatten.

Winners Lehrer für Malerei in Helsinki (1959/60) war der finnisch-russische Konstruktivist Sam Vanni, der mehrere Jahre in Berlin gelebt hatte und seine Korrekturen auf Deutsch halten konnte. »Das finnische Jahr wurde zum Eckstein meiner künstlerischen Entwicklung«, zum einen, weil in Finnland Winners intensives Interesse an Architektur mit Anschauungsmaterial gefüttert wurde, ohne jedoch zunächst konkrete Spuren in seinen Arbeiten zu hinterlassen, und zum anderen, weil Sam Vanni konstruktivistische Prinzipien unauslöschlich in Winners Bewußtsein verankerte. Fortan sollten sie zu einem der wichtigsten Bestandteile seines künstlerischen Credos werden.

Werner Volkert hatte in Berlin seine Studenten in die Bauprinzipien und Strukturen der Dinge eingeführt, hatte das Innere mit dem Äußeren verbunden. In den Gesprächen mit Sam Vanni erschloß sich Winner nun ein Verständnis für die Tektonik, das Tragen, Stützen und Getragenwerden.

In Helsinki konnte Winner sich auch erstmals ohne kunstpädagogische Pflichtfächer uneingeschränkt seiner Kunst widmen. Er beschloß, nach abgeschlossener Ausbildung auf die Sicherheit des Lehrers zu verzichten und freier Künstler zu werden. In der Galerie Fenestra in Helsinki, von Sam Vanni vermittelt, hatte er auch seine erste Einzelausstellung. Dennoch war es Berlin, wo Winner fast 20 Jahre verbrachte (1956–75), das die bleibendsten Eindrücke für sein Verständnis von Stadt und Stadtlandschaft vermittelte, sein grundsätzliches Interesse an Bauformen auslöste. Ein Schlüsselerlebnis in die-

Photographien für Berlin Suite I, 1970

Wand, 1962, 24,5 x 21 cm, Mischtechnik auf Karton

rechte Seite:
Finnische Wand, 1959, 81 x 79,5 cm, Öl auf Leinwand

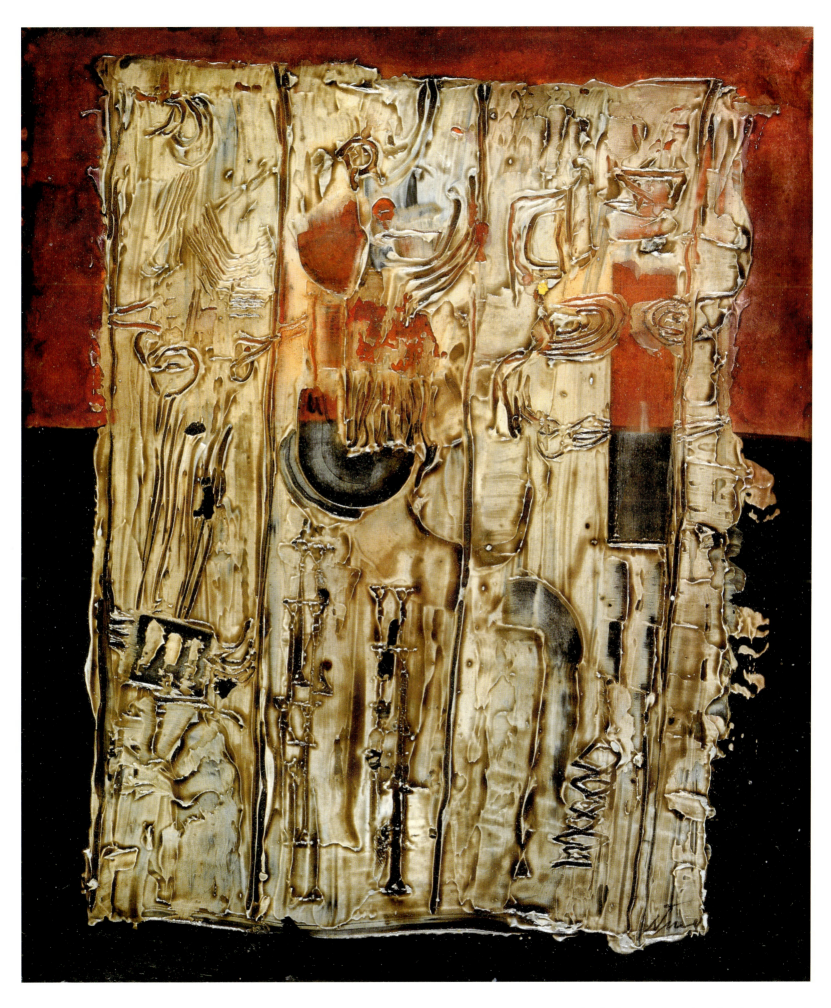

Berlin 1957, Öl auf Farbfaser

ser Hinsicht stellte die Internationale Bauausstellung von 1956 dar, die in großem Maßstab und in vielen Variationen die Moderne ins Nachkriegsberlin zurückbrachte. Darüber hinaus ging es aber nicht nur um die Restaurierung von Gewesenem, von früheren Stadträumen, sondern auch um das Aufzeigen neuer, alternativer Stadtformen wie die Einbettung von Häusern in Vegetation und Parkformen. Für Gerd Winner genug, seine Gedanken über Strukturen, über Festigkeit, Geschlossenheit, Offenheit, Veränderbarkeit auf Stadt und Architektur auszudehnen. Seine ersten Berlin-Bilder jedoch waren Bilder von Mauern und Ruinen.

Von Helsinki nach Berlin zurückgekehrt legt Winner 1961 das erste Staatsexamen ab, während sein Lehrer Werner Volkert gleichzeitig anbietet, bei ihm Meisterschüler zu werden. Somit konnte er sich in seinen letzten Studiensemestern ganz auf die malerische und graphische Arbeit konzentrieren. 1962 begann mit dem Eintritt in das Referendariat der zweite Teil von Winners Ausbildung zum Kunstpädagogen. Dabei vermochte er in mehrfacher Hinsicht seiner anderen Leidenschaft zu frönen, dem Theater.

Theater hatte Winner schon in der eigenen Schulzeit begeistert. Gemeinsam mit seinem Freund Reinhard Wagner hatte er in den Studentenjahren ein ›Figurentheater‹ gegründet, mit dem die beiden auch über Land zogen, bis Wagner Mitte der 60er Jahre als Lehrer an die Braunschweiger Kunsthochschule ging. ›Figurentheater‹ deshalb, weil dort mit einer Vielfalt von Puppen gearbeitet wurde: mit klassischen Marionetten und Masken, vor allem aber mit Hand-, Stock- und Schleuderpuppen. Im Studienseminar von Heinrich Amersdorfer konnte Winner weiter am Figurentheater arbeiten und zugleich am Französischen Gymnasium und am Diesterweg Gymnasium Bühnen einrichten. Das ließ zwar vorübergehend die Malerei in den Hintergrund treten, aber es erschloß ihm die Bühne als zweite Existenzform, das Theater als eigenständige Realitätsebene – und die zu erkunden, war schließlich sein erster Berufswunsch gewesen.

Winners Interesse für figurative Dinge und Elemente wird vor dem Hintergrund der Bühnenleidenschaft, der Marionetten und Masken einsichtig, wobei es weniger Akteure, Schauspieler und ihre Rollen sind, die ihn faszinieren, als vielmehr technische Strukturen: Geräte, Maschinen, Lochbleche, Zahnräder, Details, ihre Überblendungen. Auch diese Position einer Affinität zur Technik und ihren Figurationen wird Winner fortan ein Künstlerleben lang begleiten.

1963 heiratet er die Malerin Ingmar Reuter (die später den Künstlernamen Ingema annimmt) und 1964 schließt er mit dem zweiten Staatsexamen endgültig seine Ausbildung und zunächst auch seine kunstpädagogische Arbeit ab. Gerd Winner wird freier Künstler in Berlin. Zeit ihres Lebens bleibt Ingema als Ideengeberin, Mitarbeiterin, Kritikerin ein bestimmender Einfluß seines Künstlertums.

In seinen letzten Studienjahren hatte er sich verstärkt der Graphik zugewandt und häufig im Atelier von Mac Zimmermann gearbeitet, der ihn 1972 als Assistenten nach München holte. Dort wird er schließlich 1975 als Nachfolger Adolf Hartmanns auf einen Lehrstuhl für Malerei und Graphik berufen. Der Surrealist Zimmermann sorgte seinerzeit für ungewöhnlichen Auftrieb in der Berliner Graphikszene, kümmerte sich um Ausstellungen, Medienaufmerksamkeit und Aufträge für eine ganze Reihe von Künstlern. So wurden denn auch der Rundfunk-Justitiar Christian Wagner und Lucie Schauer, die Leiterin des Neuen Berliner Kunstvereins, Winners erste große Förderer in Berlin.

Die frühen Bilder zeigen ihn noch als jemanden, der seine Fühler in verschiedene Richtungen ausstreckt und nach eigenen Wegen sucht. So sind die strukturalen ›Finnischen Landschaften‹, die auf seiner ersten Ausstellung in Helsinki zu sehen waren, gleichermaßen unter dem Einfluß Sam Vannis wie unter dem des finnischen Winters entstanden. Sie präsentieren sich in melancholischen Erdfarben, in kühlen Blautönen, zeigen neben Landschaftsformationen figurative Elemente, Masken, tanzende Figuren. Die Theatereinflüsse beschäftigen ihn, spuken in ihm, drängen ins Bild.

In diesen Jahren lotet Winner systematisch die Möglichkeiten verschiedener Radiertechniken aus, schafft aber beispielsweise 1967 für das Staatstheater Braunschweig auch bewegliche Halbreliefiguren für eine Inszenierung von Brechts *Schweijk im 2. Weltkrieg – Spiel in den Höheren Regionen*.

Der entscheidende Schritt zu einer Technik, die künftig über Jahrzehnte sein künstlerisches Schaffen dominiert, erfolgt 1968 mit der Hinwendung zum Siebdruck. Dies hat eminent mit dem Bekanntwerden der amerikanischen und britischen Pop Art in Deutschland zu tun. Sie traf Winners Nerv insofern, als sie sich gegen das Diktat der psychologisierenden abstrakten Kunst zur Wehr setzte und sich – oft aus Unterschicht-Perspektive – den Dingen der Alltags- und Konsumwelt zuwandte. Und dies sowohl ästhetisierend wie auch spielerisch. Während die amerikanischen Varianten der Pop Art sich überwiegend der humorvoll ästhetisierenden Veredelung banaler Konsumartikel widmeten, von Waschmittelkartons über Suppendosen und Cola-Flaschen bis zu den Gesichtern Maos und Marilyn Monroes, die damit ebenfalls zu Konsumartikeln wurden, und ansonsten reichlich ›flower power‹ und emanzipatorische Sex- und Drogenkultur zelebrierten, ergaben die britischen Varianten ein noch breiteres und auch hintergründigeres Kultur- und Stilphänomen, das aus einem gewaltigen kulturellen Rückstau heraus die verstaubten Zöpfe viktorianischer Prüderie abschnitt, Konsequenzen aus dem Untergang des Empire zog.

London wurde vorübergehend zu ›Swinging London‹, der Welthauptstadt der Mode, mit Twiggy, dem Minirock, Carnaby Street und King's Road sowie zahllosen, experimentellen Modestudios. Beatles und Rolling Stones revolutionierten die populäre Musik, trugen entscheidend zur modernen Massenkultur namens Popmusik bei, die sich mittlerweile zu einer gigantischen, weltumspannenden Kulturindustrie entwickelt hat. Pop Art drang ins Möbel- und Industrie-Design vor. Eine frische, fröhliche, aufmüpfige, zutiefst ironische Jugendkultur wischte die steifen und verstaubten Konventionen und Grenzen britischer Traditionen beiseite, bis sie ab 1977 von Maggie Thatcher und ihren Gefolgsleuten partiell reinthronisiert wurden.

Der Siebdruck, vor allem aus der Werbegraphik kommend, war aber die bevorzugte Technik der Pop Artists. Es handelt sich dabei um

Underground Holborn, 1972, je 96,5 x 70 cm, Serigraphie, Kelpra Studio London

ein eigentlich malerisches Verfahren auf graphischer Grundlage. Er kam ihrem Wunsch nach ›demokratisierter Kunst‹ entgegen und entsprach bestens Vorlieben nach kräftigen, auffallenden, eben popigen Farben. Gerd Winner hatte sich im Verlauf der 60er Jahre mit großformatigen Radierungen beschäftigt, deren Farbfelder sich gut für den Siebdruck eignen. Alles andere als eine elitäre Kunsttechnik, von den Kritikern zunächst eher als Mittel der Massenproduktion verachtet und geschmäht, reizte dieses Medium Gerd Winner wegen seiner technischen Entwicklungsmöglichkeiten und seiner Farbigkeit. Da er sich schon früh für das Phänomen des Massenverkehrs interessierte, der seit den 60er Jahren unser aller Umwelt so dramatisch verändert hat, war sein erster Siebdruck ein ambivalent grinsendes Autogesicht *Dollar Grin Scooter* (1968), das noch deutlich seine Abkunft aus den Monstern, Torsi und tanzenden Figuren verriet, die Winner zuvor auf Papier gebannt hatte. Diese thematische Metamorphose sollte richtungsweisend für seine Arbeiten der nächsten Jahre werden.

Er richtete sich in Berlin eine einfache Werkstatt für Serigraphie ein und gab schon bald den Plan auf, Siebdruck mit Radierungen zu kombinieren. Was folgt, beschreibt Nina Börnsen knapp und präzise:

»Anderthalb Jahre experimentierte er mit der neuen Technik. In dieser Zeit entstanden Arbeiten mit klar abgegrenzten Farbflächen: Theaterplakate, Automatenbilder und weitere Autofronten. Die Motive stehen jetzt vollständig isoliert vor dem Hintergrund, die Außenformen haben starke Konturen. Bei seinen Versuchen stieß Winner zunächst an eine Grenze, die dem Siebdruck nach bislang geltender Auffassung gesetzt war: Man glaubte, daß diese Technik nur flächiges Arbeiten zulasse. Seine eigenen Versuche zeigten ihm jedoch neue Wege. Er stellte fest, daß die Gestaltungsskala von intensiver pastoser Farbigkeit bis zu subtilen transparenten Flächen, von beliebig großen Farbformen bis zu den feinsten Strukturen reicht.«[4]

In Zusammenarbeit mit hochbegabten Druckern entwickelt Winner in den Folgejahren den ›gemeinen‹ Siebdruck, der bis dahin vor allem ein Medium der Werbung gewesen war, zu einer diffizilen und differenzierten Unikatkunst. Von dieser fertigt er, wenn überhaupt, nur wenige Abzüge, die meist eine Vielzahl von Druckgängen durchlaufen, in unterschiedlichen Farbstellungen zudem ein Motiv in völlig verschiedenen Stimmungslagen präsentieren. »Da fünf bis neun Farben normal sind (was dann zu 30 und mehr Zwischentönen führt), kann man eine ganze Menge falsch machen, wenn man die Technik nicht im Griff hat.«

Winner lernt zunächst den Drucker Hajo Schulpius kennen, der ihn und seine wechselnden Werkstätten begleiten sollte, bis er 1991 seine eigene Werkstatt bei Alape in Goslar eröffnete, und dann, ebenfalls 1968, anläßlich einer Ausstellung des britischen Popkünstlers Ron Kitaj, den Drucker Chris Prater, dessen Kelpra Studio in London weltweiten Ruf genießt. Für ihn sind dies entscheidende Wegemarken langjährig erfolgreicher Zusammenarbeit. Mittlerweile haben Reinhard Rummler als Photo- und Filmspezialist sowie Detlef Krämer als Drucker die Rolle von Schulpius in Winners Team übernommen. Chris Prater wird für Winner ein Lehrmeister der Farbwert- und Farb-

**Underground Highbury Islington, 1972, 96,5 x 70 cm, Serigraphie,
Kelpra Studio London**

tondifferenzierung, der Präzision und Komposition. Die Freundschaft und Zusammenarbeit zwischen Prater und Winner dauerte bis zu Praters Tod 1993. Er war sicher einer der größten Drucker aller Zeiten. Aus der kommerziellen Werbegraphik kommend baute er eine Druckwerkstatt mit höchstem künstlerischem Anspruch auf. Bei ihm arbeiteten Künstler von Weltruf wie Richard Hamilton, Robert Motherwell, Ron Kitaj, Joe Tilson, und Prater erwies sich für jeden als ideales Medium der Zusammenarbeit. Er war jedem einzelnen Künstler ein einfühlsamer Partner, jeder durfte sich bei ihm als jeweiliger Mittelpunkt fühlen. Gerd Winner sog die einmalige Kunst-Atmosphäre des Kelpra Studios mit allen Poren auf, für ihn war der Blick hinter die Kulissen »wie der Blick in ein geheimes Forschungslabor.« Prater war auch der erste Drucker, dessen Schaffen sowohl Hayward- wie auch Tate Gallery in London eigene Ausstellungen widmeten. Prater wie Schulpius sind Feinmechaniker, in deren Handwerk sich die Grenzen zur Kunst verwischen, denen eben nur der letzte und entscheidende Schritt zur eigenen künstlerischen Inspiration und Invention fehlt. Für Winner aber beginnt hier jener Teamwork- und Werkstatt-Geist, der seine Arbeit bis in die Gegenwart bestimmt und prägt.

Der Siebdruck hat seine definitorischen Probleme, wie Walter Koschatzky in seinem Standardwerk *Die Kunst der Graphik* beschreibt:

»Im strengsten Sinne ist dieses jüngste graphische Mittel (wenngleich es durch seine Verbindung mit ostasiatischen Verfahren als das älteste gelten könnte) kein eigentliches Druckverfahren, sondern eine besonders entwickelte Form des Schablonierens, ein Durchpressen also von geeigneter Farbe durch ein feinmaschiges Netz (die Druckform) auf den Druckträger. So setzt sich auch der Begriff *Durchdruck* immer mehr durch. Solches Abweichen von den prinzipiellen *Druck*-Normen hat lange Zeit mitgewirkt, seine volle Anerkennung zu verhindern. Inzwischen ist es keine Frage mehr, daß beim Siebdruck nicht so sehr die technisch-reproduktive Seite, die Möglichkeit von Großauflagen oder der phototechnische Automatismus entscheidend sind, wie es seine Gegner anfänglich betont haben; was immer mehr Künstler an diesem Verfahren fasziniert, sind vielmehr Einfachheit und Vielfalt der variantenreichen Kombinationsmöglichkeiten und die reiche Skala farbiger Gestaltungsmittel.«[5]

Beim Siebdruck werden die Druckformen mit Schnittschablonen oder auf photomechanischem Weg auf Siebe übertragen, die mittlerweile in der Regel aus Kunststoffgeweben bestehen. Dabei entstehen auf dem Gewebe druckende und nicht druckende Flächen. Die Farbe wird nun mit einem sogenannten Rakel, einer Art Gummiwischer, durch die Siebe auf das Papier – oder einen anderen Druckträger – gestrichen. Durch die unterschiedliche Maschenstärke der Siebe kann der Farbauftrag von transparenten bis zu fühlbar dicken Schichten dosiert werden. Das Sieb selbst hinterläßt, im Gegensatz zum Stein oder zu Metallplatten bei der Lithographie oder der Radierung, keine Spuren. Die Flächen sind klar und unstrukturiert.[6]

Gerd Winner vermißte jedoch bald die ihn interessierenden Binnenstrukturen und versuchte durch Aufrasterung der Flächen diesem

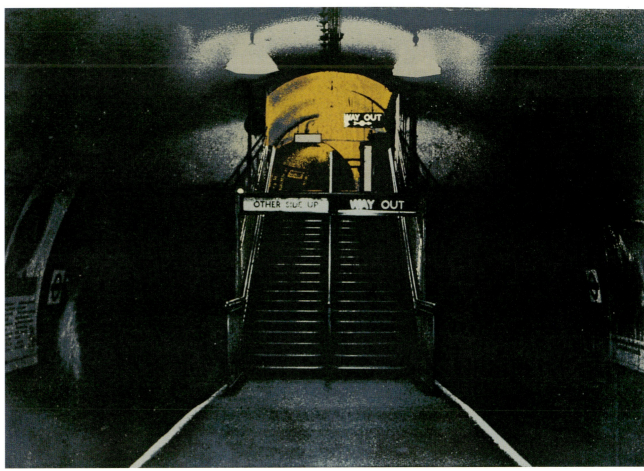

Biographische Notizen. Künstlerische Positionen 27

vorhergehende Doppelseite:
Tunnel, 1977, je 70 x 100 cm, Serigraphie, Farbzustandsdrucke
rechts unten:
Subway, 1977, 42,5 x 64,5 cm, Serigraphie

Underground Old Street, 1972, 70 x 102,5 cm, Serigraphie,
Kelpra Studio London

Problem beizukommen. Ab 1969 bezieht er auch Photos direkt in den Gestaltungsprozeß ein. Beides sollte viele Entwicklungsstufen durchlaufen, die Bearbeitung der Photos und photographischen Ausschnitte allein, ihre Schichtung, die Herstellung von Filmen und der Einbezug von Computern hat sich inzwischen zum hochkomplexen, technisch-künstlerischen Entwurfsvorgang gewandelt, der dem Drucken vorausgeht. Den Rakel benutzt Winner mittlerweile oft wie einen Spachtel, indem er damit von Hand in die Siebe hineinmalt.

Ab 1969 verwendet Winner die Kamera als unverzichtbares Hilfsmittel zur Vorbereitung seiner Bilder, so wie früher der Maler den Skizzenblock. Die Begegnung mit Chris Prater hatte ihn angeregt, in dessen in der Old Street im Londoner East End gelegenem Kelpra Studio zu lernen und zu arbeiten. So fährt er 1969 zur Vorbereitung eines Arbeitsaufenthaltes zum ersten Mal nach London, wohin ihn dann 1970 der British Council einlädt. Dort arbeitet er mit kurzen Unterbrechungen das ganze Jahr hindurch. Seine inzwischen geradezu als Markenzeichen berühmt gewordene siebenteilige Serie *London Transport* ist als Hommage an die Stadt und das Leben in London während dieser Zeit entstanden. Realismus und zeichenhafter Symbolcharakter verleihen diesen Blättern ihre unverwechselbare Note. Drei Jahre lang, während derer es ihn immer wieder an die Themse zieht, beherrschen die Themen und Motive der Architektur und des Stadtraumes in den Londoner Docklands sein Denken und Arbeiten und führen ihn zu früher Meisterschaft.

So sind mit dem ersten London-Aufenthalt bereits die meisten der künstlerischen Positionen bezogen, die Winner in den folgenden Jahrzehnten vertiefen wird. Es sind dies die Themen und Motivkreise Transport und Verkehr, Architektur, Stadt und Stadtlandschaft, Hinwendung zur Alltagswelt und deren Gestaltungsproblemen, die Thematisierung von Struktur, von Zeichen und der Verwendung bewußter Symbolsprache. Ferner die Themen Innenraum/Außenraum, Licht/Schatten, die Auseinandersetzung mit dem Realismus und, damit zusammenhängend, die sich stetig steigernde Komplexität der Einbeziehung von Photographie in den künstlerischen Arbeitsprozeß, bis schließlich in jüngster Zeit die Photographie nicht länger Hilfsmittel bleibt, sondern künstlerischen Eigenanspruch erlangt.

Die weitere Biographie Gerd Winners seit den frühen 70er Jahren ist in allen Katalogen und auch im vorliegenden Buch umfassend dokumentiert. Die folgenden Abschnitte sollen daher den thematischen Stationen seines Werkes und ihrer Erläuterung gewidmet sein. Dabei ist es ein Nachteil der schriftlichen Analyse, daß sie nur sukzessive darstellen kann, was im Bild und im Kopf oft simultan und parallel vorhanden ist. Bestimmte kompositorische Elemente wie der Zeichencharakter seiner Werke sind in Gerd Winners Bildern stets präsent, gewisse Motive ziehen sich über lange Zeiträume durch seine Themenkomplexe hindurch. Von daher wäre die CD-ROM das geeignetere Mittel der Darstellung. Doch auch das Buch hat seine Vorteile und wird sie behalten. Dazu gehören vor allem seine multisensorischen und nicht nur visuellen Qualitäten, die hand- und augengreifliche Präsenz der gedruckten Bilder gegenüber der Immaterialität und Flüchtigkeit der Bildschirmeindrücke.

REALISTISCHE FIGURATIONEN IM FRÜHWERK

»Ahnungen, Zukunftsängste und Visionen teilen sich uns in Bildern mit, die auf die Erfahrungen des realen Umraums sich beziehen.«

Als man Anfang der 70er Jahre den Kindern aus der sechsten Klasse einer der größten Londoner Gesamtschulen (Comprehensive School) eine erkleckliche Auswahl von Kunstdrucken zur Verfügung stellte, wählten sie Gerd Winners *Red Arrow Bus* aus der *London Transport*-Serie »as the picture most likely to be appreciated by the whole school«. Warum wohl? Weil das Bild mit scheinbar objektiver, photographischer Genauigkeit ein markantes Stück Alltagsrealität wiedergibt, ihm durch seine flächige Freistellung des Gegenstands ikonenhaften Zeichencharakter verleiht? Weil das Bild ein unverwechselbares Londoner Identifikationsobjekt darstellt? Weil Photorealismus eine simple Form von Kunst mit uneingeschränktem Wiedererkennungswert ist, mit dem auch der künstlerisch Unbedarfte und Ungebildete etwas anfangen kann? Oder einfach nur, weil das dargestellte Objekt ästhetisch gefällt?

All diese Begründungen mögen partiell zutreffen, für die meisten Kunsthistoriker und Kunstkritiker, ob in Deutschland, Großbritannien oder in den USA, sind sie zu jener Zeit ekelerregende Stachel im Fleisch, von denen man sich mit Schaudern abwendet. Was da in enger Abhängigkeit von der Photographie in den 70er Jahren in den drei Ländern hochkam, verstieß allzu eklatant gegen jene Glaubenssätze der Moderne, in deren Gefolge in der Malerei Informel und abstrakter Expressionismus als Befreiung vom platten Abbild, als individualistische Pflege sensibler, psychologisierter Handschrift mit wachem Gefühl für Strukturen und Oberflächen gepriesen und als dem Realismus weit überlegene Kunst gelehrt wurde. Was ist mit dem freien Spiel der Phantasie, der Assoziation, dem Wellenschlag des Gefühls, wenn man auf einem Bild erkennen kann, was es darstellt?

Ist der Gerd Winner jener Jahre ein neuer kritischer Realist oder gar einer jener Photo-, Super- oder Hyperrealisten, wie sie plötzlich in den USA Furore machten? Imitiert er sie nur, oder hat er die Bewegung durch eigene Akzente bereichert?

Lothar Romain, der langjährige und wohl beste Kenner von Winners Œuvre sucht zu unterscheiden:

»Die sogar als übersteigerte Vertreter einer gegenständlich fixierten Kunst ausgewiesenen Hyperrealisten reflektieren nicht Wirklichkeit, sondern die Bilder von Wirklichkeit und vor allem die darin eingebundenen medienbezogenen Fragen – so zum Beispiel den Unterschied zwischen einem Photo und seinem mit äußerster Genauigkeit in Malerei übertragenen Abbild, die Wirkungen von photographischen und gemaltem Licht sowie die Veränderung der Vermittlung durch die beiden Medien. Das Medium ist zunächst und vor allem die Botschaft, also eine weitgehende Absage an alle inhaltliche Auseinandersetzung im Sinne von Wirklichkeitsbefragung und Wirklichkeitsanregung.«[7]

**Titelblatt der London Transport Suite, 1969/70, 105 x 79 cm, Serigraphie,
Kelpra Studio London**

Realistische Figurationen im Frühwerk 31

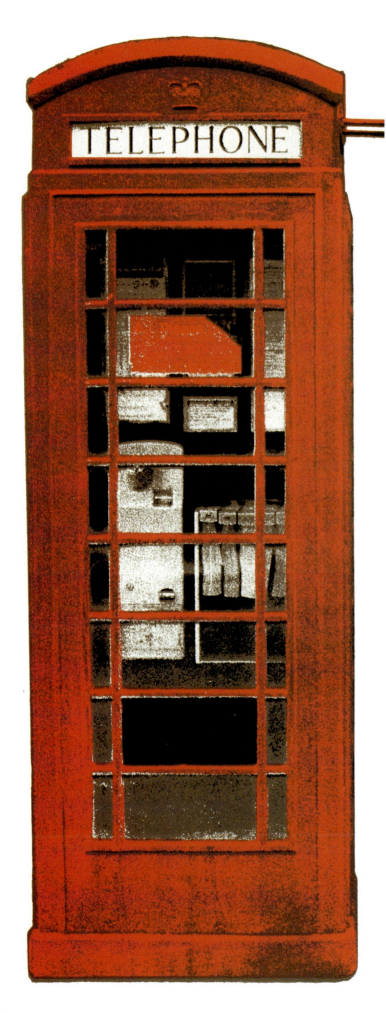

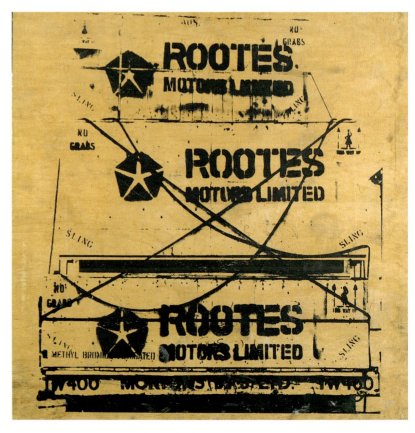

Telephonbox, 1971/72, 104 x 69,5 cm, Serigraphie (Ausschnitt)
Container, 1969/70, 105 x 79 cm, Serigraphie, Kelpra Studio London
Rootes, 1970, 90 x 90 cm, Serigraphie auf Holz

London Transport, Red Line Bus, 1969/70, 105 x 79 cm, Serigraphie, Kelpra Studio London

Realistische Figurationen im Frühwerk

rechte Seite:
London Transport, Green Line Bus, 1970, 88,5 x 69,5 cm, Serigraphie
London Transport, Trash Car, 1969/70, 105 x 79 cm, Serigraphie, Kelpra Studio London
London Transport, Suburban Train, 1969/70, 105 x 79 cm, Serigraphie, Kelpra Studio London

London Transport, Pollock, 1969/70, 105 x 79 cm, Serigraphie, Kelpra Studio London

Dollargrin Scooter, 1968 (Titel: Christopher Mallaby),
98,5 x 104 cm, PVC-Astralit

Realistische Figurationen im Frühwerk 35

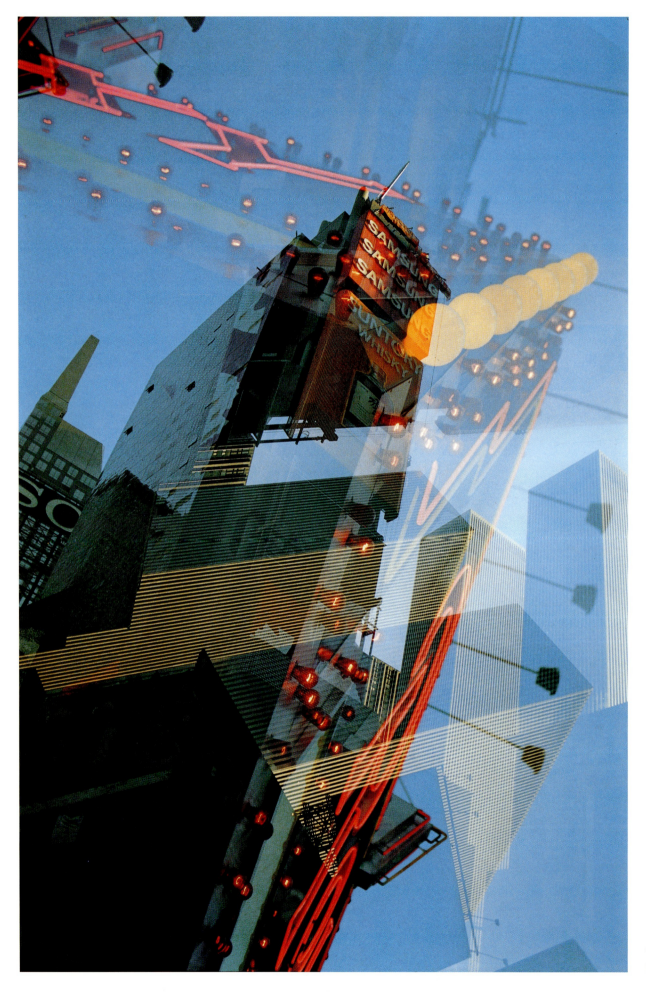

**Times Square, N.Y., 1993,
Photographie**

Da hat es der Deutsche den oberflächlichen und banalen Amis mal wieder gegeben. McLuhan läßt schön grüßen, und vor allem, wenn man seinen berühmten Ausspruch »the medium is the message« aus dem Kontext reißt, läßt sich damit fast alles beweisen. Winner dagegen erscheint in der Deutung Romains den Amerikanern als unendlich überlegen:

> »Die Sprache dieser Bilder ist deshalb so eindringlich, weil sie – bei aller Präzision der Widerspiegelung – die Autonomie des Bildes gegenüber dem bloßen Abbild betont und damit erst Wirklichkeit in ihrer ganzen Komplexität freisetzt.«[8]

Was immer der letzte Teil dieses Zitats im Klartext meinen mag, wer kennt schon die ganze Komplexität von Wirklichkeit, den Amerikanern läßt Romain nicht Gerechtigkeit wiederfahren, und Winner selbst würde kaum so argumentieren. Zunächst einmal ist festzuhalten, daß es in der *London Transport*-Serie unzweifelhaft Einflüsse der Pop Art gibt: Flächigkeit, Farbigkeit, Sujets, Realismus. Das verwundert auch nicht. Zeitgenossen saugt man osmotisch auf, zumal wenn man jung ist. Die Blätter dieser Mappe sind zu Zeichen geronnene Seh- und Lebenserfahrungen des Deutschen, der nach London gekommen ist, sich die Stadt zunächst einmal durch den oberirdischen Verkehr aneignet, der realisiert, daß London als Stadt durch diesen Verkehr zusammengehalten wird, im Vergleich zu dem das Berlin jener Jahre doch recht provinziell wirkt. Später steigt er dann in die U-Bahn-Schächte hinab und erschließt sich deren Unterwelt.

Von den Photorealisten, Super- und Hyperrealisten kann Winner schon deshalb nicht abgekupfert haben, weil ihre Bilder fast ausnahmslos später gemalt wurden. Doch schaut man sich die Werke einiger Hauptvertreter dieses Genres einmal näher an, deren Sujets mit denen Winners vergleichbar sind, so lassen sich da zum einen schon Verwandtschaften aufzeigen, zum anderen wird deutlich, daß jeder von ihnen unterschiedlich mit den photographischen Vorlagen umgeht, diese manipuliert und nicht einfach nachmalt.

Greifen wir drei prominente und charakteristische Vertreter heraus, deren Sujets Gerd Winners Arbeiten nahe kommen, nämlich Ron Kleeman, Richard Estes und Robert Cottingham, so sehen wir, daß jeder auf seine Art subtile Spiele mit Photographie und der Realität treibt. Alle malen sie mit Öl oder Acryl auf Leinwand, keiner erprobt wie Winner den Siebdruck als künstlerisches Medium.

Kleeman z. B. wählt in seinem bekannten Bild *Private Sanitation* (1976) einen Truck, so wie das Winner in seinem *Pollock* (1969/70) auch tut, aber nicht ›en face‹, ›full frontal‹, sondern gleichsam im Profil, auch nicht freigestellt, sondern mit einer Hausfassade im Hintergrund. Er dramatisiert, schönt und übertreibt offensichtlich die Photographie, indem er liebevoll Details betont, Lichteffekte auf-

oben:
Ron Kleeman, Soho Saint and 4 Score, 1974, 143 x 157 cm, Acryl auf Leinwand
Mitte:
Richard Estes, Bus Reflections, 1974, 100 x 155 cm, Öl auf Leinwand
unten:
Robert Cottingham, Roxy, 1971, 195 x 195 cm, Öl auf Leinwand

leuchten läßt, Schattenspiele herausholt: ein wahrer Vermeer der Truck-Malerei. Das wird verständlich, wenn man den Kult der amerikanischen Trucker um ihre Fahrzeuge kennt, erlebt hat, wie riesige Langholzlaster sich in den Rocky Mountains durch schlammige Waldwege wühlen, dabei mit silberblitzenden Felgen, Hörnern, Auspuffstutzen herausgeputzt sind wie Debütantinnen zum Wiener Opernball. Der Mythos von Truck und Trucker setzt, zumal im Westen, den vom Cowboy und letztlich den europäischen Mythos vom edlen Ritter fort. Was dem, vornehmlich in Spätgotik und Renaissance, Prunkrüstung und prachtvoll gepanzertes Pferd, ist dem Trucker sein LKW: Signum von Macht, Kraft, Würde, Potenz. Wie die Ritter auf den Schilden ihr Familienwappen zeigten oder sich in den Dienst einer edlen ›frouwe‹ stellten, so führt auch Kleeman die Namen edler (?) Damen auf seinem Schild, sprich auf seiner als Rammbock ausgebildeten Stoßstange: ›Patricia Ann‹, ›Lady Mary‹, zwei weitere Namen, so kann man vermuten, befinden sich auf der für den Betrachter nicht sichtbaren Seite des Bildes. Über der Windschutzscheibe, kleiner, aber ganz im Zentrum, prangt noch ›Susan‹, entweder der Name des Fahrzeugs (wie beim Pferd von Cowboy oder Ritter) oder der Freundin des Fahrers.

Vollends eine ironische Dimension erhält das Bild, wenn man bedenkt, was ›Private Sanitation‹ eigentlich bedeutet. Es geht schließlich darum, bei Leuten, die nicht an die öffentliche Kanalisation angeschlossen sind, die Kloake abzufahren.

Ähnlich Winner, zu dessen Technikvorlieben außer Lokomotiven, Bussen und Bahnen auch Feuerwehrautos zählen, hat Kleeman letztere besonders liebevoll von der Photographie ins gemalte Bild umgesetzt. So ist der *Soho Saint 33 and 4 Score* (1974) geradezu einer spätmittelalterlichen Turnier- oder Prunkrüstung vergleichbar. Die Zurüstung für Notfall und Gefahr erfolgt, wie in zahlreichen von Winners ›Emergency‹-Beispielen, unter Aufbietung eines besonderen Maßes an Ästhetik und Prachtentfaltung. Hausfassaden und Reklameschriften spiegeln sich wie fliegende Turnierfahnen in den Fenstern des mächtigen Mack Trucks, der gleichsam in Erwartung seines Einsatzes mit den Hufen scharrt. Wasserkanone, Fanfaren und Blaulicht auf dem Dach gehören zur ritterlichen Ausrüstung, dessen emblemverziertes, mit Lilien geschmücktes Schild die Kühlermaske bildet. Der Mensch kompensiert, wie schon seit alters, Angst und Gefahr mit Ästhetik, fetisch- und amulettartiger Schutzrüstung.

Als Pionier des Genres und einer der realistischsten unter den Realisten, infolgedessen in Deutschland auch mit degoutanter Ablehnung überhäuft, gilt Richard Estes. An seinen New Yorker Straßenszenen und Stadtlandschaften kann man in der Tat dramatische Unterschiede zu Gerd Winners Behandlung vergleichbarer Sujets ausmachen (vgl. z. B. *Food Shop* (1967), *Bus Reflections* (1974), *Central Savings* (1975), *Downtown* (1978)). Doch, was auf den ersten Blick wie eine geradezu mikroskopisch genaue Umsetzung von Photorealität anmutet, stellt sich auf den zweiten und dritten als ein hochintellektuelles Spiel mit Räumen und Illusionen heraus.[9] Estes spielt mit Zentralperspektive, mit Symmetrien, mit Reflexionen, Sogwirkungen und Balancen und erweist sich letztlich als äußerst kunstvoller Konstrukteur, der aus dem Straßenchaos New Yorks eine Dimension harmonischer Schönheit herauskitzelt, die wahrzunehmen nicht jedermanns Sache ist. In gewisser Weise nimmt Estes Techniken der Realitätsdarstellung voraus, die heute den Spielfilm à la Hollywood beherrschen, wenn dort nämlich fiktive Realitäten aus den verschiedensten Techniken und Medien wie Film, Photographie, Malerei, Computeranimation montiert und anschließend digitalisiert werden, wonach dann nicht mehr feststellbar ist, wie eigentlich jene photorealistische neue Realität zustande gekommen ist.

Robert Cottingham schließlich scheint in Bildern wie *Roxy* (1971), *Frankfurters and Hamburgers* (1977) vor allem Winners neueren *Times Square*- und *42nd Street*-Bildern recht nahe zu kommen. Auch hier wird mit Raum und visuellen Effekten gespielt, sind Texte integrale Bestandteile der Bilder. Der Grad an Aufwand, technischer Raffinesse, Dramatisierung und Symbolgehalt ist jedoch bei Winner ungleich höher. Das Photo ist aber auch bei Cottingham lediglich Ausgangspunkt zur Schaffung individueller Realität.

Doch zurück zu Winners *Red Bus* und seiner Realismuskonzeption. Was da scheinbar so naturgetreu abgebildet ist, kann eben nicht so abgelichtet sein, weil Gerd Winner bis in jüngster Vergangenheit nur schwarzweiß photographierte. Er hielt das Schwarzweißphoto für objektiver, distanzierter, künstlerischer und die Farben, welche die Industrie für die Farbphotographie bereitstellte, für unecht, Realität verzerrend. Mittlerweile, so gibt er zu, seien da so entscheidende Fortschritte geschehen, daß er jetzt auch Farbphotos macht. Bei näherem und wiederholtem Hinsehen wird man gewahr, daß Gerd Winner ein scheinbar paradoxes Prinzip verfolgt, das da lautet, Realität durch Fiktion zu erzeugen. Was besonders echt und real aussieht, wie alle weißen Begrenzungslinien, die Ränder der Lampen, die Kanten, ist gemalt. Hinter dem Lenkrad sitzt zudem kein Fahrer, sondern, eingespiegelt in das Businnere, ist die Collage einer Schwarzweiß-Straßenlandschaft sichtbar, wie man sie, aber in Farbe, in etwa beim Vorbeifahren wahrnimmt. Sie aber verleiht dem doch so realistischen Bild eine geradezu surrealistische Hintergrundebene, geheimnisvoll, undeutlich, verschwommen. Da läuft quasi ein Film von Eindrücken ab. Dabei ist Realismus für ihn immer kritische Befragung der Wirklichkeit, wobei er jedoch seinen eigenen Wirklichkeitsbegriff nicht weiter hinterfragt.

Durch die flächige Freistellung wird der Bus zum Zeichen, zum »Wappentier des Nahverkehrs«[10], wie Alfred Nemeczek es genannt hat, von Stadt und Verkehrsrealität, zur Rüstung aus Stahl, zum Schild, zum Helm mit den Scheiben als Visier, Teil einer Mobilitätsarchitektur, mit der sich der Stadtmensch umgibt. Gerade die Entfernung von der Wirklichkeit, ihre Überhöhung durch fiktionale Details erzeugt aber den hohen Grad an Realitätsgefühl.

Die Verachtung des Realismus in Deutschland speist sich aus mehreren Quellen. Einmal hängt sie historisch mit dem zusammen, was die Nationalsozialisten aus diesem Stil gemacht haben, zum anderen mit dessen ähnlich kitschiger Heroisierung im ›Sozialistischen Realismus‹. Dann wiederum dreht es sich um die Befreiung der Kunst vom bloßen Abbild und der Photographie. Auf einer weiteren

Ebene geht es um jene in deutschen Geisteswissenschaften weit verbreitete Theorieverliebtheit und Theoriegläubigkeit, der die Angelsachsen wiederum so verständnislos gegenüberstehen.

Davon aber und von jeglicher Tendenz, seine Kunst in den Dienst politischer Betroffenheit und ideologischer Vereinnahmung zu stellen, ist Gerd Winner weit entfernt. Die Sensibilisierung für Alltagskultur und deren Dingwelt hat für ihn viel mit Politik zu tun, aber nicht im Sinne der 68er Bewegung, die ihm eine bestimmte Ideologie abverlangte, welche er weder leisten konnte noch wollte, weil sie ihm eine zu plakative Deutung der Wirklichkeit beinhaltete.

Sehen wir uns die anderen Bilder der *London Transport*-Serie an, so bestätigt und vertieft sich der gewonnene Eindruck. Vor allem wird deutlich, daß Schrift und Text integrativer Bestandteil dieser Bilder sind. Letzterer konstituiert gewissermaßen Zivilisation. PAY AS YOU ENTER PLEASE: Jede Initiation in die Konsumgesellschaft ist mit der Zahlung einer Summe Geldes verbunden. VICTORIA STN & WATERLOO STN: Die Bahnhöfe werden gleichsam zu mythischen Orten. Und wer kann sich schon einem kategorischen Imperativ entziehen, der da lautet THIS FLAP *MUST* NOT BE KEPT OPEN? In die Fenster des *Suburban Train* (1969/70) hat Winner gewissermaßen griechische Theaterszenarien eingespiegelt, Hinweis auf seine Theaterleidenschaft. Doch es kann sich natürlich auch um die Fassade der National Gallery am Trafalgar Square handeln, unterhalb derer sich einige Figurinen bewegen. Im *Green Line Bus* (1970) ist alles im Londoner Nebel verwischt und verschwommen. Dieser Bus gehört auch zu einer Schnellbus-Linie. Alle diese Bilder enthalten latente Drohungen und Gewaltbereitschaft, die wohl jeder Gesellschaft inhärent sind. Dies gilt ebenso für die unabhängig von der *London Transport*-Serie entstandenen Lokomotiv-Bilder, in denen Winner auf ganz andere Weise mit dem Siebdruck experimentiert. Er rauht die Farbflächen auf, macht sie körnig, malerisch. Die Bilder vermitteln den Eindruck außerordentlicher technischer Dynamik und Energie, gepaart mit Ästhetik. Licht und Schatten beginnen, wie schon im *Trash Car*-Bild eine eminente Rolle zu spielen. Sie dynamisieren die Bilder, verleihen ihnen Tiefe, Ungewißheiten. Allen diesen frühen Siebdrucken gemeinsam ist, daß sie über hohen Wiedererkennungswert verfügen, so etwas wie eine eigene Winnersche Handschrift konstituieren, erhebliche optische Signalqualität und ästhetische Reize besitzen. Die Kids aus London hatten recht: so etwas hängt man sich als Poster ins Klassenzimmer oder auch zu Hause auf.

Für Gerd Winner bedeutete die Zusammenarbeit mit Chris Prater und Peter Sedgley das Eintauchen in die Künstlerkolonie um das Kelpra Studio, die Erfahrung der Docklands mit ihren Warehouses, Pubs und ihrem singulären, aussterbenden spezifischen Menschenschlag, den ›Dockers‹, eine ganz neue Lebenserfahrung, die sich bald darauf in ersten Architekturserien niederschlug, aber bis in die Gegenwart nachklingt.

nachfolgende Doppelseite:
NO, 1983, 145 x 200 cm, Acryl auf Leinwand

ZEICHEN DER WARNUNG – ZEICHEN DER VERWEIGERUNG: EMERGENCY UND NO

»Alle meine Bilder sind Zeichen.«

Auf seinen zahllosen Streifzügen durch die Stadtlandschaften Londons und New Yorks hatte Gerd Winner seit den frühen 70er Jahren begonnen, Hunderte von Details zum Thema ›Emergency‹ zu sammeln. Wie rüstet sich der Mensch der Großstadt gegen Notfälle, Unfälle, Katastrophen? Welche Notausgänge und Fluchtwege schafft er sich in den Labyrinthen der großen Städte? Wie begegnet er seinen Urängsten vor den Elementen?

Winner geht das Thema umfassend, kosmisch an. Wie im wissenschaftlichen Feldversuch greift er die klassischen vier Elemente Feuer, Wasser, Erde, Luft auf und dokumentiert durch Photos und Installationen, wie der Mensch sich dagegen wappnet. Auf der Kasseler *documenta 6* im Jahr 1977 erhält Winner Gelegenheit, einen ganzen Raum zu diesem Thema zu installieren, und im selben Jahr, anläßlich des 200jährigen Jubiläums der Hessischen Brandversicherungskammer, bekommt er sogar die gesamte Kunsthalle Darmstadt zur Verfügung, um eine große Ausstellung zum Thema ›Emergency‹ einzurichten. Stärker noch als heute bedeutete in den 70er Jahren die Teilnahme an der documenta eine Art Adelsbrief für Künstler, eine Auszeichnung, die kundtat, daß man an der Spitze mitmischen konnte.

Gerd Winner war durch seine *London Docks*-Serien, frühe *Berlin Suiten* und erste *New York*-Bilder zu hoher Publizität und Ansehen gelangt, hatte u.a. den Deutschen Kritikerpreis für bildende Kunst (1972) und den Kunstpreis für Graphik der World Graphic Competition in San Francisco (1973) errungen. Mit dem Münchner Lehrstuhl war er mittlerweile auch zu akademischem Amt und Würden gelangt. Jede seiner neuen Arbeiten konnte daher mit großer Aufmerksamkeit der Öffentlichkeit rechnen.

Einer Brandversicherung angemessen nimmt das Element ›Feuer‹ den breitesten Raum in der erwähnten Ausstellung ein, die Zahl der Exponate war hier auch größer, die Objekte selbst attraktiver als die der anderen Themenfelder.

Feuerwehrautos beschäftigen seit den Braunschweiger Kriegstagen die Phantasie Gerd Winners. Nur sind es nunmehr die Ungetüme des New York Fire Department, die allenthalben wie brünstige Saurier durch die Straßen der Metropole jagen und röhren, die er aufs Photo bannt. Sie sind rollende Sicherheitsarchitekturen, bestens ausgerüstet, Faszination ungemein robuster Technik, auf allen Seiten mit markanten Zeichen versehen, und auf der hinteren Stoßstange des Leiterwagens steht: KEEP BACK 200 FEET. Das sind immerhin 65 m, und man bekommt einen Eindruck davon, wie weit eine solche Leiter ausschwenkt.

Von den architektonisch wegen ihrer Licht- und Schattenspiele ungemein reizvollen Fire-Escapes, den Feuerleitern und -treppen an den Außenwänden älterer New Yorker Häuser, geht Winner aus,

NO, 1983, 150 x 106 cm,
Mischtechnik auf Leinwand

rechte Seite
oben:
NO, 1983, 150 x 106 cm,
Acryl auf Leinwand
(Ausschnitt)
unten:
NO, 1983, 150 x 106 cm,
Mischtechnik auf Leinwand
(Ausschnitt)

gelangt bald zu anderen Notausgängen und Fluchtwegen, mit denen der Stadtbewohner seine Ängste zu domestizieren, sich wie mit einem Sicherheitscordon zu umgeben trachtet. Dann aber kommt die Fülle der Alarmanlagen, Signale, Wasserleitungen, Verschlüsse, Drehgriffe, Hydranten mit ihren quasi-magischen Zeichen, die das Augenmerk des Betrachters auf sich ziehen. Durch ihren Zeichencharakter gewinnen diese »Chiffren des Alltags« Kunststatus, und siehe da, auch die Designer dieser industriellen Details an Stadtmöblierung verspürten alsbald, über die pure Funktionalität hinaus, das Bedürfnis, ihre Produkte zu ästhetisieren, künstlerisch zu gestalten, mit allerlei Jugendstilrankenwerk und Ornamenten.

BREAK GLASS – ALARM SIGNAL – PRESS BUTTON – SMASH GLASS – EMERGENCY SWITCH.

Das sind so die kategorischen Imperative, mit Hilfe derer der Mensch sich Sicherheit zu verschaffen, seine Ängste zu bannen sucht. Dabei entpuppen sich vor allem die Hydranten als Skulpturen von bizarrer Schönheit.

Keines der ins Bild gerückten Objekte wäre in einem anderen Jahrhundert für kunstwürdig befunden worden. Bei Winner erhalten jedoch diese Insignien des Alltäglichen ein ästhetisches Gewicht, das zeichenhaft darauf hinweist, daß der Alltag von potentiellen Gefahren durchsetzt ist, die durchaus existentieller Natur sind. Lothar Romain vermerkt, daß die große Katastrophe ein Lieblingskind der Phantasie ist.[11] Aber was dann, wenn eine wirkliche Naturkatastrophe, ein Bombenangriff oder ein größerer Terroranschlag eintritt? Bei der Attacke auf das World Trade Center 1993 in New York hat man erlebt, wie trügerisch in einem solchen Falle alle diese Emergency-Einrichtungen sind:

»Bei Winner ist der Mensch ausgespart und doch wie Josef K. anwesend, weil Signale seiner Begrenzungen und Ängste als Gegenstände ins Bild zitiert werden.«[12]

Funktion schlägt in ästhetische Form um, und die Gegenstände erlangen einen auratischen Charakter, werden Fetische unseres Sicherheitsbedürfnisses. Bei den drei anderen Elementen sind es z. B. die Schwimmwesten, Rettungsringe, Rettungsinseln und Rettungsboote, die erst richtig darauf aufmerksam machen, daß so eine Seefahrt alles andere als lustig sein kann.

Beim Element ›Erde‹ sind es die Fluchtwege, Treppen und U-Bahn-Tunnel mit ihrem Höhlencharakter, die trügerische Sicherheit verheißen. Henry Moore hatte in eindrucksvollen Zeichnungen die Schutzfunktion dieser Tunnel bei den Bombenangriffen im Zweiten Weltkrieg beschworen. Gerd Winner, dem auch die heftigen Sommergewitter New Yorks vertraut sind, weiß dagegen, wie schnell solche Schächte und Höhlen voll Wasser laufen und wie elend u. U. Leute in großer Zahl darin ertrinken können. Dem Vielflieger Winner fielen bei seinen häufigen Berlin-Flügen vor allem die Hinweise für Notfälle in ihrer semantischen Signalhaftigkeit, aber auch in ihrer absurden Realitätsferne auf.

Wenn man diese uns allen bekannten Hinweise sorgfältig gelesen hat, müßte einem eigentlich die Freude am Fliegen vergangen sein.

Gerd Winner gelingt es, diese Ästhetik des Alltäglichen-Absurden,

Emergency (Im Notfall),
1968–77,
farbige Siebdrucke,
Photographien und verschiedene Gegenstände
auf der documenta 6,
Kassel 1976

**Hydranten und Feuermelder, Ausschnitte aus der Emergency-Installation auf der documenta 6, 1976/77, jeweils Acryl auf Leinwand

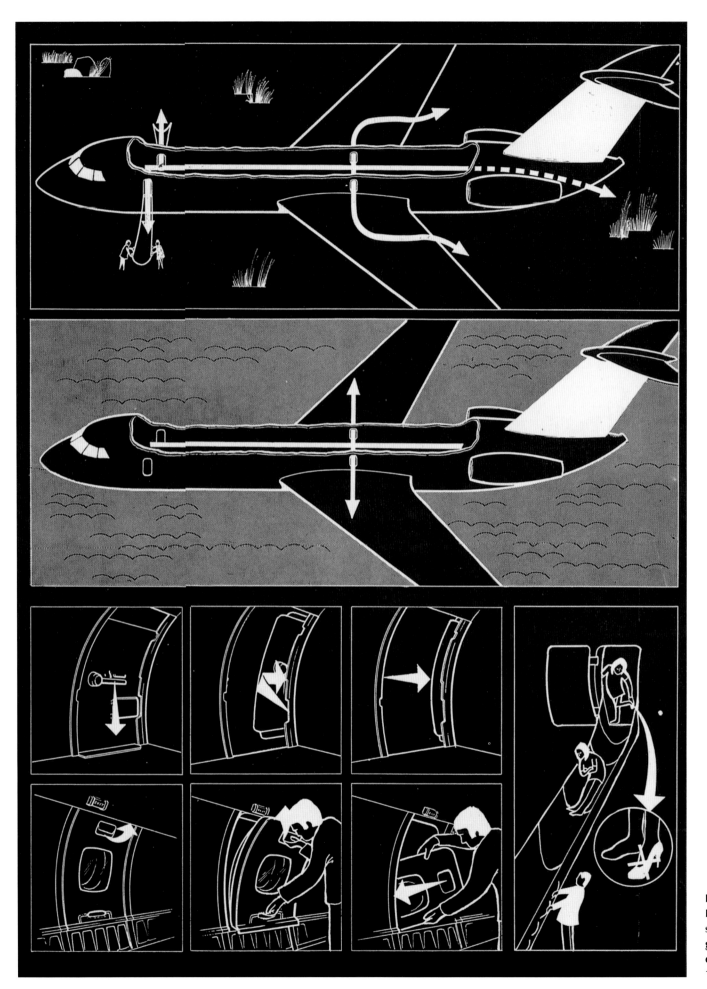

Flugzeug-Sicherheits-Instruktionen, Ausschnitt aus der Emergency-Installation auf der documenta 6, 1976/77

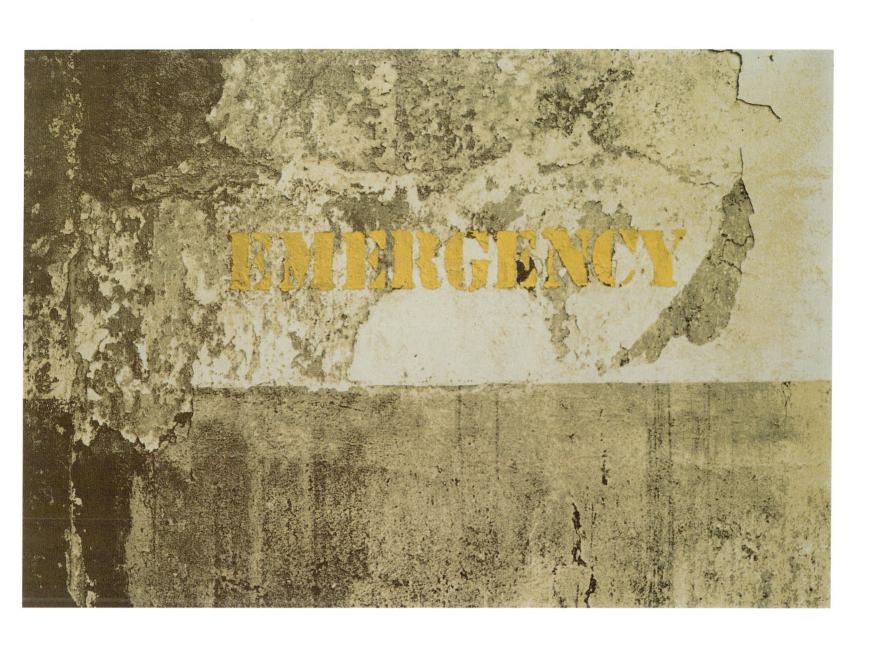

Emergency, 1978, 63 x 93,5 cm, Serigraphie, Kelpra Studio London,
Filmprojekt WDR, Köln

die uns umgibt, in Kunst zu verwandeln. Anders als in der Pop Art ästhetisiert er nicht das Banale zu Konsumfetischen, sondern befragt in seiner Hervorhebung all dieser Sicherheitsdetails viel umfassender unser existentielles Bedürfnis nach Sicherheit und unsere Konzepte von Realitätsbewältigung. Noch konzentrierter und prägnanter kommt dies zum Ausdruck, wenn wir uns dem zweiten Sammlungsgebiet dieser Jahre zuwenden – Winners Leidenschaft für die optischen Signale von Verneinung und Verweigerung.

Bei seiner systematischen photographischen Bestandsaufnahme der London Docks von St. Paul's bis hinunter zur Isle of Dogs waren sie ihm 1972 zum ersten Mal stärker ins Bewußtsein gedrungen und auch auf seinen Photos aufgetaucht, die NO's. Von da ab wurde Gerd Winner zum NO-Sammler und -Experten. Ein Jahrzehnt lang trug er in England, den USA und Kanada NO's zusammen: NO's sorgfältig auf Wände geweißt und aufgetragen, auf abblätternden Farbschichten, auf Holz, auf Fasern, auf verwitterndem und frischem Backstein, NO's auf präzise oder schlampig gemauertem Mauerwerk, NO's auf Wellblech und Lochblech, auf Draht und Stacheldraht, auf Plakaten, auf Asphalt und Beton, auf Schienen und Rollbahnen.

Die Hintergründe sind sauber gestrichen, porös, schimmlig, vergammelt, grau, schwarz, weiß, mitunter farbig, oft sehr haptisch. Die Schreiber trugen ihre NO's flüchtig, schludrig, korrekt, pedantisch, expressiv, fast kalligraphisch auf. Manchmal besitzen sie geradezu visuelle Klangqualitäten, schreien einen förmlich an. Auf Straßen und Rollbahnen gibt es auch seltsame Choreographien von NO's, wie Kinderspiele, Höllen ohne Himmel. Oft wirken die Mikrostrukturen der Bildgründe, wenn man diese Flächen so nennen darf, multisensorisch aufgrund verschiedenster taktiler Hinter- und Untergründe. Ein minimalistischer Expressionismus am Ende der Moderne. Beckett ins Extrem getrieben. Godot soll nicht kommen. *Breath* und *Not I*, ein Geburtsschrei, ein Blatt weht über die Bühne, ein Todesröcheln. Das war's. Das Leben ein Theaterstück der Verneinung. Nur noch NO's. Brutalität, Gewalt, Verweigerung, Verbot: NO.

Kein Leben, keine Freude, keine Liebe: NO. Aber die Schranken sind gesellschaftlich, sind kulturell bedingt. Andere Kulturen, die Araber z. B., lesen von rechts nach links. Da heißt es plötzlich: ON.

Und schon sieht die Welt ganz anders aus. 1983 hat Dieter Blume dann für den Kunstverein Braunschweig ein Winner-Photobuch mit 164 graphisch ungemein abwechslungsreich arrangierten NO's herausgegeben.[13] Aus diesem Buch läßt sich der Variantenreichtum einer Kultur der Verneinung und Verweigerung herauslesen. Was ist das für eine Kultur, die ihre Stadtarchitekturen mit lauter NO's verunstaltet? Gerd Winner fiel auf, daß die Londoner NO's, selbst in den Docklands, auf Mauern und Warehouses, wo man sie legitimerweise schon fast erwartet, eher klein und apokryph daherkamen. In Kanada, in Montreal und Regina, waren sie schon bedeutend häufiger und größer. Doch als Vaterland und Brutstätte der NO's – groß, fordernd, einschüchternd, aggressiv – erwies sich jenes Land, das sich doch wie kein anderes die Ideale der französischen Revolution auf die Fahne geschrieben hat und das nicht müde wird, andere zu ermahnen, nach welcher Fasson sie selig zu werden hätten: die USA. Aber wir

oben:
Stop – Look – Listen – Main Line, 1982/83, 256 x 256 cm, Mischtechnik auf Leinwand
unten:
Danger – Stop – Look – Listen, 1982/83, 253 x 254 cm, Mischtechnik auf Leinwand

Stop – Look – Listen – Caution, 1992, 272 x 272 cm, Acryl auf Leinwand

Blasting Zone, 1988, 241 x 241 cm, Acryl auf Leinwand

Dead End Ahead, 1982, 273,5 x 273,5 cm, Acryl auf Leinwand

brauchen uns nur in unseren eigenen Städten umzuschauen, und wir werden kein YES auf Straßen, Mauern und Hauswänden finden.

Was ist das für eine Gesellschaft, die derart stark die Ausgrenzung, die Abgrenzung, das Verbot, die Einschüchterung betreibt? Sind es Religion, Machterhaltungstrieb, Rassenschranken, Vorurteile vielfacher Art, die immer diese NO-Barrieren errichten? Will unsere Gesellschaft nur Besitz und Privilegien erhalten und beschützen? Ist sie krank oder nur unreif? Es gibt bekanntlich jene kindliche Trotzphase, in der die Kinder ihre eigene Identität über das Nein-Sagen definieren? Ist das der Zustand unserer Zivilisation?

1983 hat Winner eine Reihe von NO's als farbige, großformatige Acrylbilder auf Leinwand geschaffen. Während die Schwarzweißphotos des NO-Bandes eine spröde, letztlich brutale Ästhetik der Verweigerung demonstrieren, kommt hier plötzlich Ambivalenz ins Spiel. Die Absage, das Nein, das Verbot wird unversehens eindrucksvoll ästhetisiert, erhält sinnliche Qualitäten, die es schon schwerer machen, nein zum NO zu sagen. Der reale Hintergrund sind natürlich meistens Parkverbote oder ähnlich harmlose Regelschranken des Alltags. So ein NO in Blau- und Gelbtönen, mit Licht und Schatten, auf einem porösen, haptischen Untergrund, das kann einem ja geradezu sympathisch werden. NO bedeutet ja auch nicht in jedem Falle, daß es sich hier um eine abschließende Verneinung handelt, es ist auch als positives Statement möglich. Das NO kann natürlich Protest ausdrücken, Aufbegehren, Sprengen-Wollen von Fesseln. Doch wird uns allen aufgefallen sein, daß es in solchen Fällen nicht lange auf Architekturen sichtbar bleibt, von den Autoritäten weggewaschen, überpinselt wird.

Gerd Winner hat sich nie in der aktuellen Tagespolitik engagieren, von einer politischen Richtung oder Partei vereinnahmen, von einer Ideologie mit Beschlag belegen lassen wollen. Seine ästhetische Psychopathologie der NO's aber ist ein politischer Akt. Der nämlich, manifest zu machen, daß man, daß *wir* es vielleicht einmal mit Aufmunterung, mit Zustimmung, mit Humanität versuchen sollten, statt immer nur abzublocken und das leichtere NO zu wählen. YES?

Emergency-Ausstellung, Kunsthalle Darmstadt, 1977
rechte Seite:
Fluchtleitern (Emergency Escapes), N.Y., 1976/77, 28 x 22 cm, aus documenta 6-Projekt

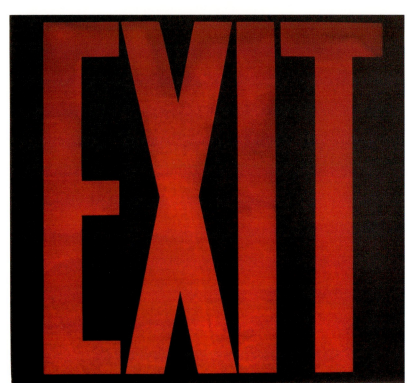

Exit, 1994, je 100 x 110 cm, Acryl auf Bütten

Exit, 1994, 80 x 110 cm, Serigraphie

End, 1981, 180 x 460 cm, Acryl auf Leinwand

Seite aus dem Mappenwerk Arabian Walls, 1978, 50 x 70 cm,
Kelpra Studio London

Pennsylvania R. R., 1973, 70 x 103 cm, Serigraphie, Kelpra Studio London
Indian Summer, 1974, 68,5 x 104 cm, Serigraphie, Domberger Stuttgart
rechte Seite:
Light/Shadow, 1981, 126 x 96 cm, Aquatinta

METAMORPHOSEN DES URBANEN: VON DEN ARABIAN WALLS ZUR KÖLNER U-BAHN

»Die ideale Stadt ohne Schatten und Lichtverlust ist bei Johannes eine urbane Paradiessituation.«

ARABIAN WALLS

Bernd Riede, Architekt und Partner Rolf Gutbrods, hatte 1972 in Gerd Winners Berliner Ausstellung dessen London Docks-Serie gesehen, Bilder gekauft, sie schätzen gelernt. Drei Jahre später kam er erneut auf Winner zu und es entspann sich eine Zusammenarbeit mit Gutbrod und dessen Büro. Letzterer war seinerzeit einer der bestbeschäftigtsten deutschen Architekten. Das Schwergewicht seiner Arbeit lag aber für etliche Jahre in Saudi-Arabien, wo er Paläste und Regierungsgebäude, Hotels, Unterkünfte für Mekka-Pilger und manches mehr baute. Ein gigantisches Projekt für König Feisal war The King's Office, ein Verwaltungsgebäudekomplex für die persönliche Jurisdiktion des Königs. Gutbrod suchte Künstler für die Innengestaltung der Flure und Hallen.

Riede und Winner unternahmen eine zweieinhalbwöchige Reise durch Saudi-Arabien, in deren Verlauf sie sich photographierend auf die verlassene Wüstenstadt Er Riyadh konzentrierten, eine ehemalige Residenzstadt. Das Ergebnis dieser Reise war schließlich das Mappenwerk Arabian Walls, das 1978 in Chris Praters Kelpra Studio gedruckt wurde.

Das King's Office-Projekt zerschlug sich letztlich, weil der König seine Gunst von seinem zum Islam konvertierten ›Sohn‹ Rolf Gutbrod abzog. Was aber davon übrigblieb, ist dieses nahezu unbekannte, als Demonstrationsobjekt für den königlichen Hof gedachte Werk Gerd Winners. Vor den Augen der Araber fand es keine Gnade. Die waren enttäuscht, weil sie eigentlich ihre modernen Errungenschaften gefeiert sehen wollten. Was sollte da so eine verlassene Wüstenstadt? Vor unseren Augen aber handelt es sich um ein absolutes Schlüsselwerk für das Verständnis Gerd Winners und zudem um eine Mappe von außergewöhnlicher Schönheit und Qualität der Gestaltung, des Inhalts und des Drucks. Sie unterstreicht die Spitzenstellung, die Chris Prater unter den Druckern einnahm.[14]

Gerd Winner und seine Kritiker haben oft genug hervorgehoben, daß es ihm im Grunde um die Sichtbarmachung von Stadtstrukturen gehe und daß er sich eigentlich von jeher auf der Suche nach der idealen Stadt befinde. Hier werden solche archetypischen Idealstrukturen menschlicher Stadtsiedlung wie in einer Laborsituation sichtbar. Lehmarchitekturen, einfache Mauern und Ornamente, Häuser und Gassen, Licht und Schatten, flirrende Hitze, Schutzbauten, eine Abstraktionsform von Stadt.

Winners Mappe legt ausgesprochen multisensorische Qualitäten an den Tag: visuell, haptisch und olfaktorisch. Sie riecht förmlich nach Orient, nach Souk und Kamelen. Sand rinnt ihr gewissermaßen

Von den Arabian Walls zur Kölner U-Bahn 59

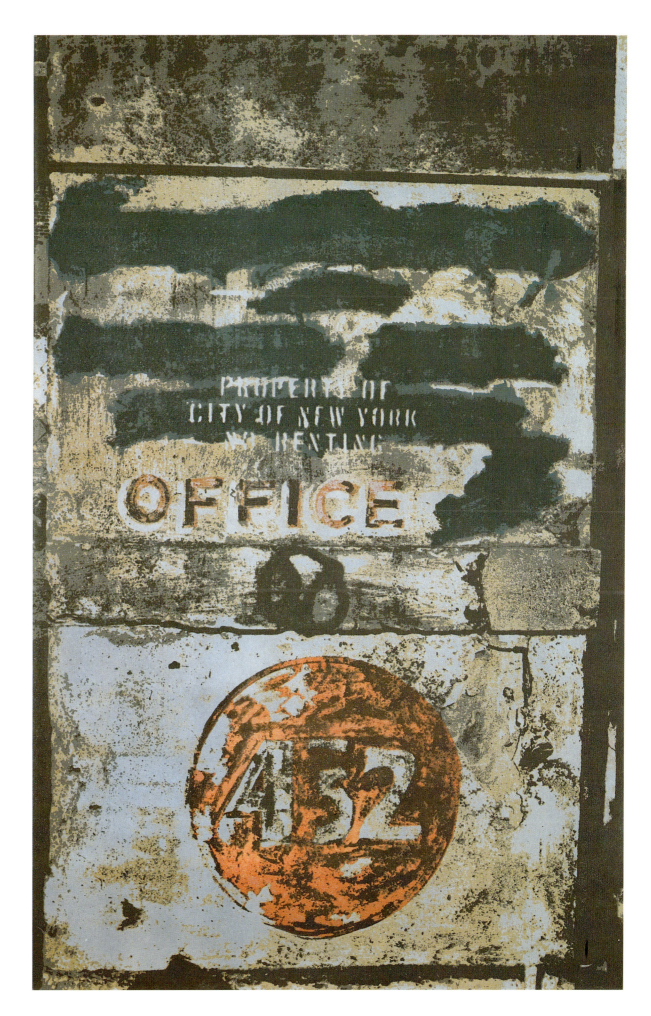

linke Seite:
Catfish Row, 1979, 69 x 54,5 cm,
2 Blätter (Ausschnitte)
von insgesamt 5, Aquatinta,
Kelpra Studio London

rechts:
Office, 1975, 148 x 95 cm,
Acryl auf Leinwand,
Kelpra Studio London

aus allen Poren. Lehm, Erde, Staub, Mauern, Geröll, alles Sandfarben in feinsten Schattierungen, wie sie sich durch unterschiedlichen Lichteinfall und Konsistenz des Sandes in der Wüste ergeben.

Man fragt sich immer wieder, was man mehr bewundern soll, die künstlerische Qualität der Siebdrucke, deren photographische Vorlagen, die unter Winners Hand durch und durch malerischen Charakter angenommen haben, die überaus sensible, geradezu musikalisch-rhythmische Komposition der Mappe in der Art, wie ein Thema und seine Variationen aufeinander abgestimmt sind, oder die emphatische Weise, wie Grundsituationen des Bauens und von Stadtkultur eingefangen sind. Grau, Braun, Schwarz, Beige, Ocker, Rottöne entsprechend dem Tagesverlauf und dem Licht in der Wüste. Sie gehen fast unmerklich ineinander, mitsamt den scharfen Kontrasten und der Plastizität aller Gegenstände, die das Licht herausarbeitet. Man wird überaus sinnlich der Verschränkung von Außen- und Innenräumen gewahr.

Gerd Winner ist es gelungen, das Grobkörnige wie das Feinsandige dieser Bauten, Strukturen und Landschaften, ihre innerkörperlichen Qualitäten ebenso wie ihre Außenansichten haptisch und visuell in Bild und Druck umzuwandeln, sichtbar und spürbar zu machen. Man fühlt sich an Ferdinand Cheval, den genial-verrückten Landbriefträger aus Hauterives und sein Palais Ideal erinnert, von dem Peter Weiss schrieb:

> »Die unbestimmbare, beim ersten Anblick unförmliche Masse unten in dem am Abhang liegenden Garten. Ein aufgetürmter Termitenbau, wie aus Sekreten zusammengeleimt. Steine, Muscheln, Wurzeln, Moose. Übergossen mit grauem Teig, zerknetet, zerwühlt, überall das Gefühl der Hand, die diese Brocken zusammengefügt hat. Man umfaßt erst dies Ganze, dieses verworrene Gebilde, ahnt erst die heimliche Ordnung, die die Bewegung der Hand leistet.«[15]

Es sind die Mauern, vor allem die der einfachen Wüstenforts, welche die Beduinenkrieger aus Lehm errichteten, um sich vor nächtlichen Angriffen zu schützen, die dieses Formende, Wühlende der gestaltenden Hände verraten. Sie scheinen so lebendig und leibhaftig, als wäre es gestern gewesen. Gerd Winner war schon immer ein Mauerfreak. Hier hat er Mauern mit einer Plastizität im Siebdruck vor uns erstehen lassen, als gelte es, mit Bildern zu bauen. Das impliziert aber auch Vergänglichkeit, Auflösung und Tod, sprich Zeit, derer man ebenfalls gewahr wird, und man stellt sich das einstige Leben in Riyadh ähnlich vor, wie Calvino es in seiner imaginären Wüstenstadt Despina evoziert:

> »Im Dunst der Küste unterscheidet der Matrose die Gestalt eines Kamelhöckers, eines mit glänzenden Fransen verzierten Sattels zwischen zwei gefleckten Höckern, die sich schaukelnd vorwärts bewegen, weiß, daß es eine Stadt ist, aber er denkt es sich als Kamel, von dessen Tragsattel Schläuche und Doppelsäcke mit kandierten Früchten, Dattelwein, Tabakblättern hängen, und sieht sich schon an der Spitze einer langen Karawane, die ihn fortbringt von der Meereswüste zu Süßwasseroasen im gestreiften Schatten von Palmen, zu Palästen mit dicken Kalkmauern und Innenhöfen, belegt mit Kacheln, auf denen Tänzerinnen barfüßig tanzen und ihre Arme ein wenig unterm Schleier, ein wenig überm bewegen. Jede Stadt bekommt ihre Form von der Wüste, der sie sich entgegen stellt, und so sehen Kameltreiber und Matrosen Despina, die Grenzstadt zwischen zwei Wüsten.«[16]

LIGHT/SHADOW (1981) – LICHT/SCHATTEN (1986/87)

Gerd Winners Erschließungsprozeß von New York verlief von den Rändern Manhattans in der West- und East-Side zum Zentrum an den Times Square. Schon bei seinen ersten Besuchen der Stadt in den 70er Jahren hatten ihn die Emergency Escapes, die Feuerleitern an den Außenwänden älterer Häuser, fasziniert, weil sie so prägnante Licht- und Schattenornamente auf den Wänden hervorzaubern, eine Art von bizarrer, illusionärer Dreidimensionalität.

Mitte der 80er Jahre isoliert er diese Stahlgebilde und türmt sie (1986–90) zu Struktur- und Raster-Wolkenkratzern, die den Hochhausbauten ähneln, diese aber in transparente Körper, ganz aus Struktur, verwandeln. Sie werden so zu ästhetischen Abenteuerspielplätzen für die Phantasie von Architekten, die denn auch an diesen Bildern großen Gefallen fanden.

Parallel dazu trieb er ein weiteres Immaterialisierungsprojekt städtischer Strukturen voran. Aus ungemein malerischen Aquatinta-Radierungen der späten 70er Jahre heraus – *Catfish Row* –, bei denen die Solidität des Mauerwerks und der Türen alter aufgelassener Häuser im New Yorker Westend durch Licht- und Schatteneffekte ins Vibrieren gebracht wurde, entstanden schließlich Anfang der 80er Jahre die *Light/Shadow*-Aquatinta-Radierungen (1981). Licht und Schatten begannen darin, dramatische Hauptrollen zu spielen. Winner arbeitet hier mit noch klar erkennbaren architektonischen Elementen, bei denen lediglich durch unterschiedliche Farben ganz verschiedene Stimmungen zustande kommen. Die Aquatinta-Radierung vermag dabei besonders gut, poröse Flächen und Volumina zu suggerieren, so als wolle sich die Architektur unter dem Blick des Betrachters auflösen und zerbröseln.

Gerd Winner spricht davon, daß er ein langsamer Arbeiter sei, daß Arbeitsprozesse sich bei ihm oft über lange Zeiträume erstrecken. Angesichts des kaum noch überschaubaren Gesamtwerks scheint diese Behauptung zunächst eine Überstrapazierung des Bescheidenheits-Topos, doch trifft sie insofern zu, als oft verschiedene Denk- und Umsetzungsprozesse sich unter ganz allmählichen Veränderungen über Jahre hinziehen, nach Jahren gereift wieder aufgenommen werden, mehrere Projekte parallel laufen können. So greift er 1986/87, quasi als Vorübung zum *Times Square*-Zyklus, das Thema Licht und Schatten in einer Serie mit Acryl auf Leinwand gemalter Siebdrucke erneut auf, nimmt die gleichen Architekturelemente, unterwirft sie nun aber einem raffinierten Schichtungs- und Überlagerungsprozeß

Off Broadway, 1973, 104 x 70 cm, Serigraphie, Kelpra Studio London

verschiedener Bildebenen, wobei sich allmählich der Abstraktionsgrad steigert, bis von der ursprünglichen Hausfront und den darübergeschichteten Emergency Escapes kaum noch etwas zu sehen ist. Es entstehen vielmehr Tiefenräume, in denen das Auge Andeutungen ergänzt und schließlich große Hallen oder Lofts zu sehen vermeint. Hier kommen in der Tat illusionäre Stadträume und urbane Strukturen zustande, die weit über den eigentlichen Bildanlaß hinausweisen.

Ihren großen ästhetischen Reiz erreichen diese Bilder dadurch, daß sie für das Auge geradezu Anleitungen zu stereoskopischem Sehen enthalten, die Phantasie unablässig bemüht ist, Andeutungen zu Raumeindrücken zu ergänzen und die Licht/Schatten-Thematik jene impressionistischen Wirkungen erzeugt, die Bewegung in die Statik bringen, Flächen auflösen, Strukturen wie beim Jazz zum Swingen bringen. Von diesen Bildern strahlen hohe sinnliche Impulse aus. Gleichzeitig aber kommen ästhetische Prozesse zustande, die einerseits Raumwirkungen suggerieren, andererseits gerade das Gegenteil bewirken, nämlich verschiedene Abstraktionsgrade bis zur Immaterialisierung vorzuführen. Farbe und Licht erzeugen dabei unterschiedliche Kälte- und Wärmezonen und musikalisch-rhythmische Eindrücke. Die sich einander überlagernden Bildebenen bedingen gleichzeitig eine Veränderung und Verwandlung von Wirklichkeitsebenen. Von »urbanen Paradiessituationen« kann man dabei gewiß nicht reden, aber Farbe und Licht generieren jenes utopische Element, das Winner erahnt, wenn er von der idealen Stadt träumt. Es sind derlei Ambivalenzen, die Gerd Winner in der Folgezeit auch in baubezogenen Arbeiten weiter entwickelt.

Eines seiner ersten Werke war die Kassette *Lokomotive* (1970/71) mit sieben Siebdrucken von Lokomotiven und Lokomotiv-Details, die wie die Serie *London Transport* nicht zuletzt jenem Moment der Technikfaszination huldigt, das zentral zu Winners Antriebsquellen gehört. So reizen Bahnhöfe und alles, was darinnen geschieht, das Kind in ihm, seinen Bewegungsdrang, sein Fernweh, seine Technikbegeisterung. An einigen Tagen mit Winner in Berlin (1997) war immer wieder zu erleben, wie es ihn geradezu magisch auf Bahnhöfe zog, er durch alle Gänge streifte, auf den Bahnsteigen Zügen mit großen Augen entgegen- oder hinterherblickte. Auf dem Bahnhof Friedrichstraße, wo noch immer jener Stimmungsmief aus DDR-Tristesse, Einschüchterung der Reisenden und unglaublich schlechtem Spießergeschmack sozialistischer Prägung zu spüren ist, der sich tief in Kacheln, Fliesen und Mauerwerk eingenistet hat, kamen wir zu jenen Räumen, in denen einst Vopos DDR-Reisende kontrolliert haben. Dort lernte ich selbst jenes System hassen und verachten, weil es systematisch Menschen erniedrigte und Menschenwürde verhöhnte. Auf Gerd Winner wirkten diese Räume, die er so gut kannte, aber ebenfalls seit Jahren nicht gesehen hatte, überaus nachhaltig. »Solche Räume kann man nicht erfinden«, hörte ich ihn ein ums andere Mal sagen, »die müssen real sein«.

oben:
Minetta Street, 1973, 123 x 100 cm, Acryl auf Leinwand, Kelpra Studio London
unten: Bowery N.Y., 1980, 105,5 x 76 cm, Serigraphie, Kelpra Studio London

New York Canyon, 1973, 103,5 x 71 cm,
Serigraphie, Kelpra Studio London

Bahnhöfe also gehören zu jenen städtischen Architekturen und Ereignisräumen, denen Gerd Winners ganz besondere Aufmerksamkeit gilt. So ist es auch zu erklären, daß er schon 1976 für eine Wandinstallation eines neuen Schulzentrums in Goslar-Oker ausgerechnet ein Londoner Bahnhofsdach als Motiv wählte.

Baubezogene Arbeiten und Arbeiten im öffentlichen Raum haben Winners malerisches und graphisches Werk seit den frühen 70er Jahren begleitet, ergänzt und bilden allmählich einen immer gewichtigeren Teil seines Œuvres. Die drei Stahl-Aluminium-Objekte im Goslarer Schulzentrum nehmen mit den subtilen Strukturen industrienaher Architektur Bezug darauf, daß das Stadtbild von Goslar-Oker von großen Industriebetrieben geprägt wird. Winner wollte kein beliebiges Dekorationsstück an die Schulwand hängen, sondern sucht in einem typisch von der Bauhaus-Moderne beeinflußten Beton-Stahl-Glas-Bau nach einer künstlerischen Form, welche den puren ›form follows function‹-Geist dieser Architektur zwar aufnimmt, aber sofort ins spielerische Reich mathematisch strukturierter Phantasien entführt:

»Gerd Winner läßt auf einem Londoner Bahnhof seinen Blick schweifen. Die verglaste Dachkonstruktion beginnt ihn zu interessieren, weil sie in ihren Verstrebungen als Silhouette Spannungen entwickelt, die zwar technisch bedingt sind, doch zugleich grafischen Charakter annehmen. Es kommt eben ganz auf die Art an, wie man den Waterloo Station betrachtet. Man sollte denken, es gäbe kaum etwas so Banales, wie ein Stahlgerippe in gebräuchlichem Zusammenhang. Wie rasch indessen wird aus solcher Allerweltssache der Ansatz zu einem Bild gewonnen, das es sich erlauben kann, von dem ursprünglichen Zweck der Ingenieursleistung kurzerhand abzulenken. Hier ereignet sich der Schritt in einen neuen Bereich, den später der Betrachter nachvollzieht und schon bald für selbstverständlich hält.«[17]

In der Tat sind die geradezu kristallinen Strukturen dieses Gebildes, das an frühe Flugzeuge erinnert, abstrakter, aber ebenso angemessen wie das Phantasievogel-Image, das Santiago Calatrava in unseren Tagen seinem Bahnhof Satolas/Lyon mitgegeben hat. Wenn die Phantasie der Schüler nicht Schwingen bekommt, wird sie flügellos und fußgängerisch dem Boden verhaftet bleiben. Als Nicholas Grimshaw, der Architekt des neuen Waterloo-Bahnhofs in London, 1997 Winners Dachinstallation der alten Waterloo Station zu Gesicht bekam, hätte er sie am liebsten sofort käuflich erworben.

1982 nimmt Winner erneut eine Bahnhofs-Architektur zum Anlaß, diesmal für ein graphisches Werk, einen Siebdruck vom Frankfurter Hauptbahnhof. Das Kunstmagazin *art* gab es als Aufhänger für einen längeren Artikel über die Schönheit von Gründerzeit-Architekturen in Auftrag. Winner collagierte Photos der Fassade, der Dachkonstruktion in der Zug-Halle und der gegenüberliegenden Straßenseite ineinander, um einen komplexen Gesamteindruck dieses Stein-Stahl-Glas-Bauwerkes zu erzielen. Auch handelt es sich nicht um reine Photographien, sondern der Maler hat sie an vielen Stellen mit siebdruckspezifischen Mitteln überarbeitet. Dabei werden hier wie in vielen anderen Siebdrucken Winners Erosionsprozesse evident, Zeit-

strukturen, Vorgänge des Alterns werden sichtbar Bestandteil dieser Bilder. Im Zuge dieser Arbeit werden die Photos einem komplizierten Prozeß unterzogen:

»Winner erkennt die Annahme als irrig, daß man durch den Siebdruck allein zur flächigen Arbeitsweise gezwungen ist – nicht die *Fläche* druckt, sondern die *Pore* des Siebes –, und verändert den künstlerischen und technischen Gestaltungsprozeß durch Verwendung von Photographien, die allerdings nicht als endgültig reproduzierbare Vorlage, sondern als Ausgangspunkt für eine strukturelle Arbeitsweise zur Schaffung eines neuen bildnerischen Realitätsbegriffes dienen.

Die für den Siebdruck verwendeten Photovorlagen werden von Winner auf Schwarz-Weiß-Film mit Nikon 24 x 35 und Rolleiflex 6 x 6 cm Kameras aufgenommen. Die Drucke entstehen in einem komplexen Arbeitsvorgang: Die Strukturen der Vorlage werden im Tontrennungsverfahren zerlegt und durch additives wie subtraktives Arbeiten sowie das Einbringen von Korn- und Rasterstrukturen kombiniert mit konstruktiven und flächigen Teilen oder durch Übermalung oder Collagen verändert.

Da die Schichtdicke der Farben durch Art und Größe der Gewebemaschen der Siebe steuerbar ist, kann Farbe sowohl im pastosen Auftrag bis zur reliefhaften Wirkung als auch in transparenter Konsistenz, um lasierende Effekte zu erzielen, verwendet werden. Als Farben werden nicht die üblichen, im trockenen Zustand auf der Oberfläche sehr empfindlichen Siebdruckfarben, sondern besonders haltbare Maragloss- und seit 1979 Matler-Film- und Serrcol-Jetsatin-Farben benutzt.«[18]

Der Frankfurter Hauptbahnhof ist eines jener strukturbildenden und eine Stadtlandschaft prägenden Gebäude, das wie die New Yorker Hochhäuser aus den 20er und 30er Jahren mit ihren Art déco- und Beaux Arts-Einflüssen und ihrer Zitatenfülle aus italienischer Renaissance besonders narrativen Charakter besitzt. Der Kunstjournalist Peter M. Bode nahm dies zum Anlaß, in einem flammenden Plädoyer für die Bauten der Gründerzeit gegen die Kistenmoderne zu Felde zu ziehen. Er plünderte hierfür das Architekturlexikon so, wie die Architekten seinerzeit historische Stile und Accessoires als Rüstkammern für ihre Bauten benutzten:

»›Ornament und Verbrechen‹ – dieses böse Wort setzte der Wiener Architektur-Avantgardist Adolf Loos im Jahre 1908 über eine Bau-Ära, die ein schwelgendes Fest für die Augen und hinreißender Appell an das Gefühl gewesen war: den Historismus. Die Baumeister trieben ein Spiel mit Putten und Pilastern, Kartuschen und Voluten; üppige Karyatiden und stramme Atlanten stützten zierlich umsäumte Balkone. Eine farbig betonte und plastisch bewegte Architektur schöpfte aus dem vollen Geschichtsbaukasten und schmückte sich mit Säulen und Giebeln, Risaliten und Lisenen, Erkern und Mansarden, Türmen und Helmen. Dazu kamen Hau-

West Side Embanquement N.Y., 1975, 100 x 75 cm, Serigraphie, Kelpra Studio London

  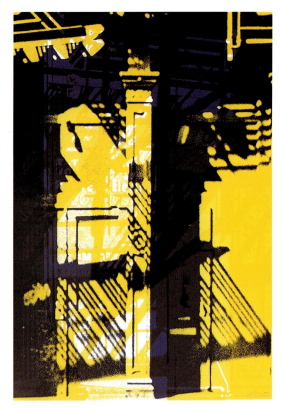
 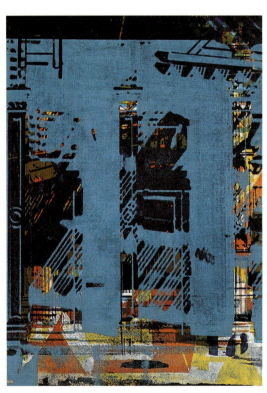 

**Licht/Schatten, 1986/87, je 133 x 96 cm,
Acryl auf Leinwand**

Von den Arabian Walls zur Kölner U-Bahn 69

ben und Gauben, Bögen und Gewölbe, Schwünge und Kanten, Kapitelle und Baluster, Loggien und Altäre, Galerien und Arkaden fehlten ebenso wenig wie Attika und Rustika, Bossenquader und Polstermauerwerk. Doch es gab auch Portikus und Sockel, Kreuz und Konsole, Pfeiler und Kuppel, Gesims und Profil, Fugen und Sprossen, Girlanden und Gitter, Rocaillen und Palmetten, Arabesken und Friese, Fialen, Figuren und Fenster in allen Facetten und Finessen.«[19]

Das klingt ebenso kulinarisch wie die berühmte Küchenarie des Truffaldino in Max Reinhardts Bearbeitung von Goldonis *Diener zweier Herren*, und es ist, ohne den Begriff zu erwähnen, auch eine Streitschrift für die Postmoderne.

Winners Siebdruck des Frankfurter Hauptbahnhofs nimmt diese schwelgerische Detailfülle – praktisch alle der von Bode zitierten Stilelemente sind dort zu finden – eher etwas zugunsten der Betonung konstruktiver Elemente zurück. Aber gerade auch an seinen späteren *New York*-Arbeiten zeigt sich, daß die glatten Hochhausschäfte der Kistenmoderne im Gefolge Mies van der Rohes für seine Kunst wenig hergeben. Die bewußte Reduktion narrativer Momente führt zu Abstraktionen und Ereignislosigkeit, bei der weniger nur selten ästhetisch mehr ist und auch durch eine Dramatisierung ins Kippen gebrachter Achsen nicht ausgeglichen werden kann.

Die beiden zuletzt diskutierten Arbeiten sind jedoch nur Fingerübungen für einen Großauftrag, den Gerd Winner 1989 aufgrund großzügigen Sponsorings der Firma 4711 erhielt, nämlich die künstlerische Gestaltung der Kölner U-Bahn-Station Piusstraße. Diesmal durfte er selber einen Bahnhof gestalten, die erste Station im Kölner U-Bahn-Netz, mit der ein Künstler betraut und nicht nur ein Architekt mit dekorativem Beiwerk beauftragt wurde. Es handelt sich dabei um eine 196 m lange und 2,25 m hohe Paneelwand aus eloxiertem Aluminium, die zu beiden Seiten der U-Bahn-Tunnelwände verläuft – auf die Bahnsteighöhe und damit auf die Augenhöhe der Betrachter bezogen, Fußgänger wie Fahrgast. Unter der Erde treffen sich Stadtlandschaften einiger Metropolen, London, New York, Tokio, Berlin, gewissermaßen um Köln auf seinem Weg zur Metropole Unterstützung zu gewähren. Farbige Felder wechseln mit silbergrau belassenen Aluminiumplatten. Die eigentlichen Bildfelder dieses enormen Frieses sind mit Hilfe von Nachtaufnahmen in den einzelnen Städten entstanden. Schaut man genau hin, so kann man sogar die jeweiligen Orte lokalisieren: Piccadilly Circus/London, Times Square/New York, Ginza/Tokio, Kurfürstendamm/Berlin, die Joachimstaler Straße in Berlin und in Köln Hauptbahnhof, Dom, Hohe Straße und einige andere Motive mehr.

Dieses Treffen der Weltstädte verdichtet sich jedoch zu einer gemeinsamen Grundstruktur Großstadt. Die drei Essentials dieser Struktur sind für Gerd Winner Architektur, Licht und Bewegung. Sie bilden ein kultur- und nationalitätenübergreifendes Konstituens der heutigen Stadt, deshalb hat er das gesamte Projekt auch *City-Light-Motion* benannt[20] (vgl. Abb. S. 150/151).

Im Zentrum der Großstädte herrscht das Licht. Winners Bildfries belegt auch, wie sehr sich in der Gegenwart Stadtbild und Zeitbegriff verändert haben. Denn die Nacht-Licht-Stadt ist ebenso wichtig geworden wie die Tag-Stadt. Vielleicht noch attraktiver, weil das Licht auch vieles zudeckt, in Zauber und Geheimnis taucht, was bei Tage eher schäbig und verkommen aussieht.

Licht und Bewegung sind zudem Metaphern des Lebens, die mehr spirituellen, immateriellen Aspekte von Winners ideal-utopischem Stadtbild. Er hat die Bildfolgen an den Tunnelwänden wahrnehmungspsychologisch geschickt angeordnet:

»Winner hat bewußt mit diesen unterschiedlichen Aspekten gespielt, Bildfolge und -rhythmus darauf abgehoben: der einfahrende bzw. ausfahrende Fahrgast erlebt zunächst hinführende bzw. zurückbleibende horizontale Streifen wie solche von verwischenden Schatten einer sonst lichtüberstrahlten Straßenszene. Dann werden Formen deutlicher, überspielt noch von farbigen Irrlichtern, aber allmählich als Ausschnitte von Stadtszenen erkennbar. Diese verdichten sich zur Mitte des Bahnhofes hin, um dann am Ende wieder allmählich in flüchtige Details aufgelöst zu werden. Doch selbst wo der Fahrgast wie auch der auf der Bank Wartende ein Bild fest im Blick hat, findet er keinen Halt im Sinne von Gewißheit und Endstation. Der Zug wird weiterrollen: wo er halten bleibt, läßt er doch nicht die Mobilität der Metropolen zum Stillstand kommen.«[21]

Lothar Romain hat sehr schön auch die Ambivalenzen in der Erlebnisqualität dieser und anderer Stadtlandschaften Gerd Winners herauspräpariert:

»Einerseits haben die einzelnen Bildpartien unterschiedlich ausgeprägte Raumtiefen, andererseits wird bei längerem Hinsehen die Raumillusion in eine graphische, also flächige Struktur überführt. Auch das gehört insbesondere zu den Nachtansichten der Metropole, daß sie dem Himmel die Tiefe des reinen Schwarzes nehmen und im Licht die verschiedenen Ebenen einschleifen. Winner, die bloße Illusion des photographischen Abbildes konterkarierend, schafft daraus eine dialektische Bildsituation, in der Stadtraum zur Bildstruktur und Lichtspur zum Bildzeichen werden.«[22]

Das Winner-Team, bestehend aus ihm selbst und Reinhard Rummler als Kameramann sowie Hajo Schulpius als Drucker, wurde mit diesem Großauftrag an den Rand seiner Leistungs- und Belastungsfähigkeit gebracht. Doch der Erfolg lohnt den Einsatz. Auch nach einem Jahrzehnt wirkt diese Arbeit frisch und unverbraucht. Köln-Ehrenfeld, die Gegend um Pius- und Venloer Straße, ist in rapidem Wandel begriffen, von einem Arbeiterstadtteil zu einem gemischt-bürgerlichen. Das entspricht dem Gesamtwandel der Gesellschaft, denn die traditionellen Arbeiter werden immer weniger.

Das Kunstwerk im Bahnhof, der Bahnhof als Kunstwerk scheint voll akzeptiert. Dies wird schon daran sichtbar, daß – ungeachtet der vielen eloxierten Aluminiumtafeln – die sonst allgegenwärtigen Sprayer hier nicht in Versuchung geführt wurden, diese Kunst mit ihren eigenen ›Werken‹ zu ›überarbeiten‹.

Waterloo Station, 1970, Photographien

Von den Arabian Walls zur Kölner U-Bahn 71

Blickt man zurück zu den *Arabian Walls* von Riyadh und schaut dann erneut auf die lichtüberfluteten, sich in Mobilität verflüchtigenden Wände der modernen Metropolen, so wird einem stadt- und menschheitsgeschichtlicher Wandel bewußt, die ungeheure Anpassungsfähigkeit der Spezies, aber auch die immense Leistungsfähigkeit und Potenz des Künstlers, der wissend, die Realität scharf und kritisch befragend, mit einer utopischen Paradiesvorstellung von der idealen Stadt im Herzen beide Pole in überzeugende Werke zu fassen versteht. Es sind diese Metamorphosen des Urbanen, deren Beobachtung und künstlerischer Interpretation Gerd Winners Lebenswerk gilt. Er ist davon überzeugt, daß man die Stadt als Idee menschlicher Kultur weder allein den Planern, den Architekten, Wissenschaftlern oder Geschäftsleuten überlassen darf, sondern daß es essentiell auch des ästhetisch gestaltenden und deutenden Werkes der Künstler bedarf, soll die Stadt als Ort von Humanität, Kunst und Kultur erhalten bleiben und sich in eine lebens- und liebenswerte Zukunft fortentwickeln. Oswald Mathias Ungers hat im Hinblick auf die Planung des neuen, wiedervereinigten Berlin 1991 solche identitätsstiftende Brennpunkte des Urbanen, wie sie uns im folgenden Kapitel als Herzstücke Winnerscher Kunst begegnen, als ›Stadtinseln im Meer der Metropole‹ beschrieben:

> »Städte sind Orte kontinuierlicher Transformation von Konzepten, Ideen und Wirklichkeiten. Sie sind wie Gestalten in ihrer Metamorphose, die topographischen Zufällen, willkürlichen Entscheidungen oder logischen Gesetzen folgen. Städte können deshalb nicht allein mit wissenschaftlichen Theorien erfaßt werden, wie es gerade der neuere Städtebau im 19. und 20. Jahrhundert versucht hat.
> Der Plan einer Stadt ist niemals endgültig, sondern eine Collage aus Fragmenten. Im Zeitalter des Humanismus war die Idee des Fragments am deutlichsten hervorgetreten: als Entdeckung der Zwischenräume, der Teile und des jeweils Besonderen für ihre Eingliederung in das Ganze.«[23]

So besehen sind Gerd Winners Arbeiten zu Stadtlandschaften und Stadtfragmenten Exempla ganzheitlicher Stadtvorstellungen, die nicht dem ›urban sprawl‹, dem amorph in alle Richtungen zerfließenden Gartenstadtgebilde à la Los Angeles, das Wort reden, sondern der verdichteten Stadt mit verschiedenen Kernen als Sinnbildern menschlicher Aktivität und Kreativität.

Waterloo Station, 1971, 70 x 102,5 cm, Serigraphie, Kelpra Studio London

Hauptbahnhof Frankfurt am Main, 1982, 100 x 70 cm, Serigraphie

STADTSICHTEN – CITY VIEWS: BERLIN – LONDON – NEW YORK

»Meinen künstlerischen Weg könnte man nennen: Auf der Suche nach der idealen Stadt.«

BERLIN

»Alle meine Arbeiten haben letztlich mit dieser Initialerfahrung Berlin zu tun.«

Die Initialerfahrung Berlin beginnt für den 20jährigen Gerd Winner 1956, als er zum Studium an die Hochschule für Bildende Künste kommt. Es sind jene ungemein wichtigen Jahre der Suche, des Lernens, erster wegweisender kreativer Prozesse, des Eintauchens in das kulturelle Leben der Großstadt, die Jahre der Hochschule und Schule, des Theaters, der jungen Liebe. Von Anfang an kam der Auseinandersetzung mit Architektur und Stadtlandschaft dabei eine bestimmende Rolle zu. Da war zum einen das zerbombte Berlin, die mehr oder weniger heroische Trümmerlandschaft – erste Mauerbilder legen davon Zeugnis ab, zum anderen das Berlin des Wiederaufbaus, in das ein frischer Wind von Westen, vor allem aus den USA, hineinwehte, und da war zum dritten die dumpfe Trostlosigkeit und Dauerkonfrontation, die trotz des plärrenden offiziellen Optimismus aus dem Osten herüberdrang. Was für die Politik galt, galt im wesentlichen auch für die Kunstszene.

Die Internationale Bauausstellung 1956 zeigte befreiende Alternativen für städtisches Wohnen und städtische Architektur auf. Man kann heute wohl kaum noch nachvollziehen, wie gewaltig diese Auslüftung architektonischer Sackgassen, der Wiederanschluß an internationale Entwicklungen der Moderne wirkten. Doch als Gerd Winner 1970 seine erste sechsteilige *Berlin Suite* nach London in Chris Praters Kelpra Studio zum Druck bringt, ist in seinen Blättern von diesen Neuentwicklungen noch nichts zu spüren.

Zwar ist die realistische Abbildhaftigkeit der Photos im Siebdruck durchaus schon malerisch verfremdet, aber durch ihre strikte Frontalität sowie durch die Freistellung der aus dem Hintergrund herausgelösten Baukörper gewinnen diese eine statische Monumentalität, die im Gegensatz zum transitorischen Charakter dieser Architekturen steht. Im Kontrast etwa zum Ewigkeitswert des künstlerischen Dokumentarismus in den Architekturphotos von Bernd und Hilla Becher ist auch bei diesen Blättern Winners schon deutlich der Faktor Zeit involviert, deren Zahn am Nagen, der Prunk rissig, die herrische Gebärde nur noch trotzig oder ironisiert, aber nicht mehr imponierend ist. Die massive Körperlichkeit der sechs Motive hält dem Verfall offensichtlich bei der Seitenansicht des Treppenaufgangs zum U-Bahnhof Hallesches Tor am nachhaltigsten stand. Es könnte sich um ein Werksphoto handeln, eine sehr preußische Industriekultur demonstriert ihre Solidität (vgl. Abb. S. 15–19).

Die fünf anderen Motive, die Figur der vergoldeten, in Schwarzrot getauchten Siegesgöttin von der Siegessäule, die Fassade des Hotels Metro am Kurfürstendamm, ein oktogonales, tempelähnliches Pissoir in Moabit, die Vorderfront eines Werksgebäudes in einem der Fabrikhöfe von Kreuzberg, die Kunstschmiedewerkstatt Marcus in Schöneberg mit der ziselierten Ornamentik ihres prachtvollen Firmenschildes, führen eher vor Augen, daß der imperiale Gestus des Gründerzeit-Prunkes inzwischen passé ist.

Die zurückhaltende Farbigkeit in Grau-, Schwarz- und Silbertönen ist nicht geeignet, beim Betrachter Emotionen auszulösen. Sie sollen aber Zeugnis ablegen von charakteristischen Bauten Berlins, die etwas von seinem Geist spüren lassen, ohne durchgängig Repräsentationsbauten zu sein. Was heute daran auffällt, vielleicht auch im Unterschied zur Entstehungszeit dieser Blätter, ist eine gewisse trutzige Kontinuität und deren eminente Brüchigkeit, bei der freilich noch nichts Neues sichtbar wird.

Zwischen der ersten und der zweiten *Berlin Suite* Gerd Winners liegen 17 Jahre – Jahre, in denen er als Künstler gewachsen ist und vielfältige Erfahrungen gesammelt hat, in denen sich auch seine Auffassung von der künstlerischen Gestaltung architektonischer Motive grundlegend gewandelt hat. Mag man bei der ersten Serie durchaus noch von Realismus sprechen, aber in jenem postmodernen Sinne, daß die dargestellte Wirklichkeit nicht eine Illusion von Wirklichkeit, sondern Zitat von Wirklichkeit ist, so läßt sich eine derartige Etikettierung bei der *Berlin Suite* von 1987 nicht mehr aufrechterhalten.

Die 180 auf Winners eigener Presse unter Mithilfe von Reinhard Rummler und Hajo Schulpius in Liebenburg gedruckten Blätter der zweiten *Berlin Suite* stehen im Zusammenhang mit dem ersten großen *Times Square*-Zyklus und sind folgenden fünf Motiven gewidmet, die allerdings zum Teil durch Überlagerung miteinander verbunden sind:

Brandenburger Tor
Reichstag
Shell-Haus
Verkehrsmast vor dem Shell-Haus, Reichspietschufer/
Ecke Stauffenbergstraße
Fassade des Neubaus der Grundkreditbank an der Gabelung
Budapester- und Kurfürstenstraße, gegenüber vom Elefantentor
des Zoologischen Gartens.

Im Unterschied zu allen anderen Stadt- und Architekturmotiven Winners geht es hier massiv um Geschichte und deren in Bauwerken manifestierte Symbol- und Zeichenhaftigkeit. Zumal seit der Wiedervereinigung, die sich 1987 freilich noch nicht vorhersehen ließ, wurden Brandenburger Tor und Reichstag, z. B. in der filmischen Repräsentanz von Nachrichtensendungen in aller Welt, wieder die Symbole Deutschlands schlechthin. Winner trägt dem nach Öffnung der Berliner Mauer mit einer dritten *Berlin Suite* von 1990/91 Rechnung, die ganz dem Brandenburger Tor gewidmet ist. Bleiben wir aber zunächst bei Suite No. II. Eberhard Roters notiert sehr einfühlsam, daß Winner die Bauformen hier nicht mehr in frontaler Nahsicht vor das Betrachterauge rückt, sondern sie vielmehr derart ins Bild

Berlin Suite II,
1987, je 140 x 100 cm,
Mischtechnik auf Bütten

schiebt, daß dem Betrachter ein Assoziationsspielraum zwischen Positivform und Negativform, zwischen Schwarz und Weiß, zwischen Schwarzweiß und Farbe offengehalten wird, innerhalb dessen er seine Gedanken, Empfindungen, Reflexe, Ahnungen, Gefühlssplitter und Meditationen dem Verständnis seiner eigenen, individuellen Geschichtlichkeit folgend frei entfalten kann.[24] Der Betrachter wird zum Dialogpartner gemacht.

In der Tat sind beide Gebäude wie kaum andere Architekturen in Deutschland untrennbar mit historischer Schuld, mit Triumph und Größenwahn, mit demokratischen Gesten, mit Siegen und Niederlagen, mit Freiheitswillen und Tyrannei verbunden. An Unbefangenheit ist da auch bei jüngeren Generationen nicht zu denken. Daß es in Winners Bildern zu Unruhe, Perspektivwechseln, verwirrenden Überschneidungen kommt, erscheint angesichts dieses Befundes nur konsequent:

> »Winner ist mit seiner Kamera diesmal ganz nahe an die Bauten herangegangen, viel näher als sonst. Er hat sie steil von unter her photographiert. Im Bild erscheinen die so aufgenommenen Ausschnitte aus der Ansicht der Baukörper in extrem starker perspektivischer Flucht. Säulen, Simse, Risalite, Pfeilergliederungen, Gewändevorsprünge, Giebel mit vorkragenden Zahnschnittornamenten von der Fassade des Reichstages stoßen, von unten gesehen, in emphatischer Diagonale über die Bildfläche nach oben durch. Orthogonale Linienzüge, wie sie unser Gedankenbild von Architektur bestimmen, Senkrechte und Waagerechte, sind nicht vorhanden; alle Linien fallen. Der Blick von unten die Fassade hinauf suggeriert Macht und Masse, indes ist das Auge dadurch irritiert, daß es nirgends festen Halt findet. Der Blick wird von der gewaltigen Kippbewegung, die das Blickfeld dynamisiert, mitgezogen. So entsteht die zwingende Vision des unmittelbaren Aufeinanderangewiesenseins von Macht und Sturz, ein tragisches Motiv.«[25]

Die Zeichen und Symbole treten derart massiv auf, daß sie förmlich nach politischen Interpretationen rufen. Allerdings nicht in einem ideologisch fixierbaren Sinne. Gerd Winner beschreibt kipplige Equilibrien, die die deutsche Politik ja durchaus bestimmen. Zumindest ansatzweise spielt er mit Selektion der Bildausschnitte, unterschiedlichen Schichtungen und Überlagerungszuständen wie in einem Laborversuch verschiedene Alternativen durch. Die rote Fahne auf dem Brandenburger Tor zumindest ist rissig. Ordnet man das politische Spektrum nach Farben, so scheinen noch alle Möglichkeiten offen: Rot gegen Schwarz, aber auch Grün gegen alle, Gelb vereint mit Schwarz, Schwarz, Rot, Weiß. Dennoch wäre es eine Unterstellung, zu behaupten, Gerd Winner ließe sich etwa von plumpen, politisch inspirierten Überlegungen zur Farbpsychologie der Parteien leiten. In der dritten *Berlin Suite* werden thematisch jeweils zwei oder mehrere Ansichten des Brandenburger Tores ineinander verankert, sie überlagern und durchkreuzen sich. Die Farben werden frischer, plakativer, aber auch vielfältiger. Dennoch ist natürlich nicht auszuschließen, daß Käufer dieser Blätter neben ästhetischen und thematischen Gesichtspunkten auch nach farbpsychologischen entscheiden, die bewußt oder unbewußt politisch motiviert sein mögen.

Berlin Suite II, 1987, 140 x 100 cm, Mischtechnik auf Bütten (Ausschnitt)

Berlin Suite II, 1987, 140 x 100 cm, Mischtechnik auf Bütten (Ausschnitt)

Bei beiden Gebäuden kann dies nicht ausbleiben. Paul A. Wallots Reichstagsgebäude (1884–94), im Stil wuchtiger Neorenaissance errichtet, kann seine Herkunft aus Palast- und Festungsbau nicht verleugnen und spricht alles andere als eine demokratische Symbolsprache. Norman Fosters ursprünglicher Umbauentwurf hätte mit seiner ingeniösen Zeltdach-Lösung diese Massivität konterkariert, aufgelöst, ad absurdum geführt und dem Bau eine heitere, beschwingte Note verliehen, die einer Demokratie gut anstünde. Sie scheiterte am persönlichen Einspruch von Bundeskanzler Helmut Kohl, der die Verbindung von Masse und Macht sichtbar verkörpert und lebt. Die nunmehr realisierte Lösung mit der Glaskuppel, welche zudem bei Calatravas Entwurf entlehnt ist, spricht eine weit konventionellere Sprache.

Was das Brandenburger Tor angeht, so war es ursprünglich als klassischer Triumphbogen zum idealen Einzug des Herrschers in die Stadt, zum Durchschreiten von einem Ort davor ins Innere gedacht. Seine wechselvolle Geschichte ist vor allem mit deutsch-französischen Auseinandersetzungen, mit Aufstieg und Fall der Nationalsozialisten sowie mit der deutschen Teilung verknüpft. 1989 wurde seine Öffnung zum Fanal der Wiedervereinigung. Derzeit läuft vorübergehend der gesamte Durchgangsverkehr hindurch, was sicher die demokratischste, aber der Substanz des Gebäudes nicht zuträgliche Lösung darstellt.

Es hat durchaus den Anschein, als werde Gerd Winner nach Vollendung des Reichstagsumbaus und all der neuen Regierungsbauten noch genügend Gelegenheit auch für eine vierte *Berlin Suite* finden können, in deren Zentrum erneut diese beiden geschichtsträchtigen Bauten stehen könnten.

Dennoch hat er es in der *Berlin Suite II* nicht bei den Symbolschwergewichten deutscher Geschichte belassen. Als dramatische Gegenkräfte hat er zwei weitere Motive hinzugefügt. Diese Kompositionen zeichnen sich durch größere Leichtigkeit aus. In ihnen überwiegen nicht die stürzenden Linien, sondern fallende und steigende treten in ein reizvolles Wechselspiel. Das Shell-Haus, in dem heute die Hauptverwaltung der Berliner Elektrizitätsgesellschaft (BEWAG) untergebracht ist, »verkörpert in seiner funktionalistischen Schönheit und Eleganz den letzten Triumph der Architektur der zwanziger Jahre in Berlin.«[26]

Die Farbgebung dieser Blätter bildet mit ihren Weiß- und Ockertönen sowie dem hellen Blaugrau einen schwebenden Kontrast zur expressiven Farbgestaltung derjenigen Blätter, die Brandenburger Tor und Reichstag gewidmet sind. Über dieser Zartheit und Leichtigkeit könnte man fast übersehen, daß auch hier politische Symbolik involviert ist. In das Bildmotiv ist zurückhaltend und eher unauffällig noch ein zweites integriert, der Verkehrsmast mit dem Straßenschild ›Stauffenbergstraße‹. Der Hinweis birgt eine Hommage an die Widerstandskämpfer des 20. Juli 1944. Claus Schenk Graf v. Stauffenberg und seine Gefährten wurden gerade um die Ecke, im Bendler-Block, im Hofe des ehemaligen Reichsmarineamtes, in dem das Oberkommando der Wehrmacht seinen Sitz hatte, zum Tod verurteilt und standrechtlich erschossen.

Berlin Suite III,
Brandenburger Tor,
1990/91, 140 x 100 cm,
Mischtechnik auf Bütten

Berlin Suite III,
Brandenburger Tor,
1990/91, 140 x 100 cm,
Mischtechnik auf Bütten

Berlin – London – New York

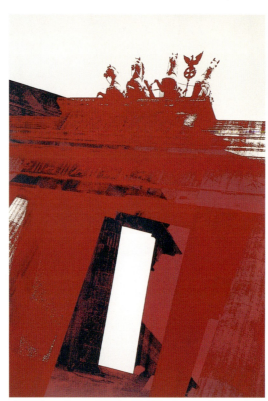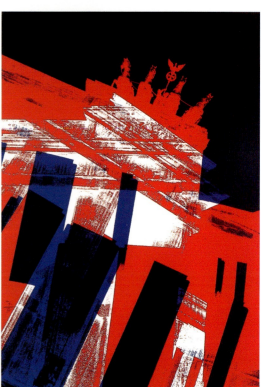

Berlin Suite III, Brandenburger Tor, 1990/91, je 140 x 100 cm,
Mischtechnik auf Bütten

Das letzte Blatt der *Berlin Suite*, 1987, hat Winner dem 1985 in Betrieb genommenen Neubau der zentralen Geschäftsbankstelle der Grundkreditbank (GKB-Center) gewidmet. Es wurde von der Architektengemeinschaft Pysall, Stahrenberg und Partner entworfen. Als Vertreter maßvoller Postmoderne schiebt er seine mit roten Steinplatten verkleidete Fassade in einem Kreisschwung in das Straßendreieck zwischen dem Aquarium des Zoologischen Gartens und dem Hotel Eden am Europa Center. Im Gegensatz zur Massivität der historischen Bauten verkündet dieser säkulare Kommerzbau Transparenz und Leichtigkeit (vgl. Abb. S. 76).

Winner hat, wie bei allen Blättern dieses Zyklus, die Häuserwand von unten her aufgenommen. Das Aufsteigen sich einander rasch nähernder Fluchtlinien ergibt so ein vergleichbares Grundmuster. Sein doppeltes Übereinanderblenden der Fassade führt zu einem visuellen Auseinanderblättern der Fassadenverkleidung:

> »Die Bauplatten scheinen aus ihrer Halterung zu springen, doch fallen sie weniger herunter als daß sie in die Luft hinein zerbersten und zerstieben; sie rutschen ins Leere. Das gebärdet sich gar nicht tragisch, nein, eher leichtgewichtig wie eine inszenierte Fata Morgana, eine architektonische Fantasia, als handele es sich um das Auseinanderklappen eines Kulissenbildes, eine windige Angelegenheit, so, als habe ein Riese ein Häufchen trockener Blätter auf seinem Handteller geblasen.«[27]

Ob es sich dabei um eine Harlekinade handelt, wie der Interpret Eberhard Roters meint, sei dahingestellt. Das Blatt wirkt luftig, transparent, beschwingt, heiter. Deutlich wird, daß die Wucht und die Tragik der historischen Monumente, welche, so suggerieren Winners Bilder, sich jederzeit wiederholen könnte, zum Ausklang der Serie eines Satyrspiels bedürfen. Und hier in Berlin war es schließlich, wo Gerd Winner dem Figurentheater verfiel.

Zum wiederholten Male in seiner wechselvollen Geschichte zeigt sich Berlin derzeit als Stadt, die in rapidem Wandel begriffen ist. Gerd Winner empfindet diesen Wandlungsprozeß einer Stadt, der er sich auf besondere Weise verbunden fühlt, erregend und spannend. »Die fulminante Stadtentwicklung Berlins wird mich bis an mein Lebensende begleiten.« Erneut geht er nicht mit vorgefaßten Meinungen an diesen Prozeß heran, sondern mit der Haltung des beobachtenden Künstler-Wissenschaftlers: »Die Erfahrung in Berlin der letzten Jahre machen mich ungeheuer neugierig.« Doch allmählich gewinnt er auch den Eindruck, als laufe ihm die Zeit davon: »Man müßte sehr jung sein, um sich auf alle diese Dinge einlassen zu können.« Dennoch wird er sicher noch für eine Weile Veränderungsprozesse dieser Stadt mit seiner Kunst begleiten und deuten. Daniel Libeskinds Neubau des Jüdischen Museums hat ihn wie eine Offenbarung getroffen. Hier empfindet er einmal zeitgenössische Architektur als große Kunst. In Berlin selbst sind Winners neuere Arbeiten wenig bekannt. Es wäre an der Zeit, daß sich dies ändert.

LONDON

> »Die Räume der Docklands sind in jedem Fall metaphysisch.«

Als Gerd Winner 1969 zum ersten Mal nach London kam und bald darauf in der 200–300 Künstler umfassenden Kolonie heimisch wurde, die sich in den St. Katharine's Docks aufgetan hatte, unweit des Tower of London und gleich hinter Tower Bridge, da wurde er in das vibrierende internationale Leben dieser Künstlergemeinschaft und des in jenen Tagen noch funktionierenden quirligen Hafenbetriebs hineingezogen. Zu jener Zeit vom Surrealismus De Chiricos und Cocteaus wie vom Existentialismus Sartres vorgeprägt, interessierten ihn weder die sozialen Probleme noch die architekturhistorischen und industriegeschichtlichen Aspekte der Docklands, sondern er erfuhr sie als metaphysische Räume, die für ihn Auseinandersetzungen mit seelischen Prozessen repräsentierten, mit denen er sich innerlich herumschlug. De Chiricos Stadträume, Außenräume vor allem, waren es, die er als Innenräume erlebte und die sich ihm vergleichbar in den Hausfassaden und Straßenräumen der Docklands geradezu visionär als seelische Räume offenbarten. Ein Zitat De Chiricos, der ja 1906–08 an eben der Münchner Akademie studiert hatte, an der Winner heute als Lehrer wirkt, mag da einen möglichen Weg des Verstehens weisen:

> »Unser Geist wird von Visionen bedrängt; sie kommen aus immerwährenden Quellen. Auf den Stadtplätzen legen Schatten ihre geometrischen Rätsel aus. Über den Mauern stehen unsinnige Türme, erhöht von kleinen bunten Fahnen. Überall Unendlichkeit, überall Geheimnis. Eines aber bleibt so unveränderlich, als ob seine Wurzeln im Kern der Ewigkeit eingefroren wären: unser Wille, schöpferischer Künstler zu sein.«[28]

Deshalb erschienen ihm auch die Bilder, die er sah, wie Zeichnungen, die er in seinem Kopf bereits mit sich führte. In Chris Praters Kelpra Studio konnte man an einem Tag Künstler wie Robert Motherwell, Ron Kitaij und Joe Tilson begegnen, was Winners Sensibilität und praktisches Kunstverständnis außerordentlich befruchtete.

Die Dockarbeiter lebten für ihn erkennbar in einer eigenen Welt, die wenig mit dem sonstigen Londoner Großstadtgetriebe zu tun hatte. Das bestätigte sich ja auch insofern, als die aufmüpfigen und grimmig humorvollen Docker 1970 auf der Isle of Dogs einen eigenen Staat ausrufen, um den Londoner Autoritäten vors Schienbein zu treten.

Winner erfuhr die Dramatik der Docklands als Auseinandersetzung der Menschen mit Stadträumen. Die Häuser erschienen ihm wie die Akteure seines Figurentheaters als dramatisch agierende Personen, die reduzierten Wohnformen und Wohnsituationen, die Straßenführungen und Mauern entlang der Straßen in den Docklands wie Gefängnismetaphern. In all diesen abweisenden Leerräumen dann plötzlich wieder die Menschen eines nur hier anzutreffenden Menschenschlags mit ihrer Offenheit, ihrem spezifischen Humor und der ihnen eigenen Kauzigkeit. Er begann sie und ihre Kneipen liebzugewinnen.

**Clink Wharf, Warehouse, 1971, 70 x 102,5 cm, Serigraphie,
Kelpra Studio London**

Colonial Wharves, 1973, 70,5 x 103,5 cm, Serigraphie, Kelpra Studio London

nachfolgende Seiten:
**London Docks, St. Katharine's Way, 1971, je 102,5 x 76,5 cm, Serigraphie,
Kelpra Studio London**

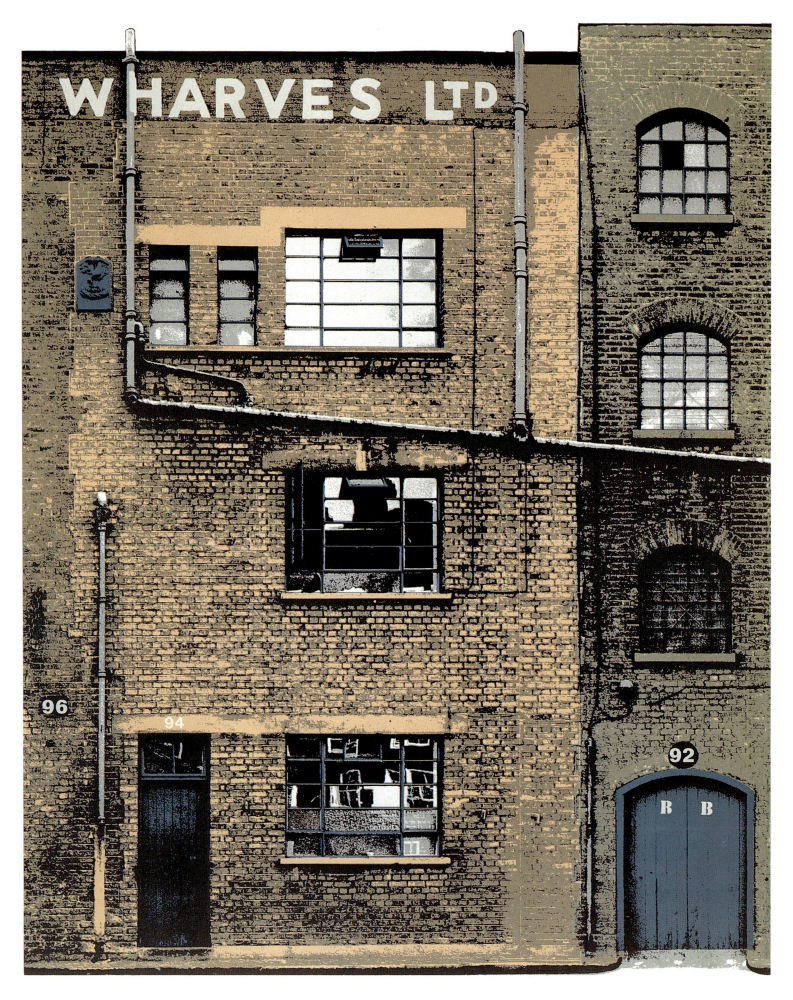

linke Seite:
Harrison's Wharf, 1972, 70 x 96,5 cm, Serigraphie, Kelpra Studio London
rechts:
Wharf, 1972, 103,5 x 70 cm, Serigraphie, Kelpra Studio London

**London Docks, Warehouse, 1971, je 102,5 x 70 cm, Serigraphie,
Kelpra Studio London, Farbzustände**

Berlin – London – New York

London Docks, Thames Sunday Afternoon, 1972, 102,5 x 198 cm,
Acryl auf Leinwand, Neue Nationalgalerie, Berlin

Bull Wharf, 1972, 65 x 91,5 cm, Serigraphie, Kelpra Studio London

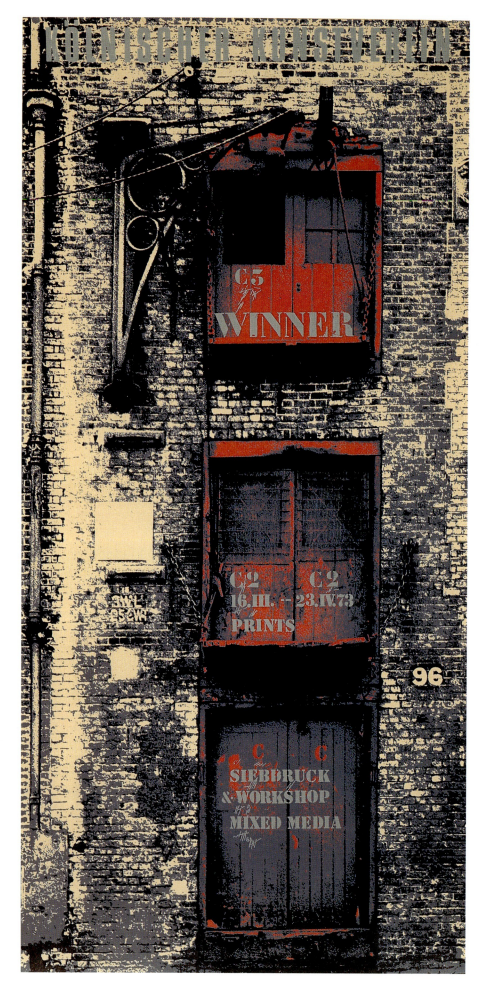

Originalplakat, 1973, 100 x 70 cm, Serigraphie,
Kölnischer Kunstverein

Bankside, 1973/74, 200 x 255 cm, Acryl auf Leinwand

Es sind vor allem die Straßenszenen aus den Dockland-Serien zwischen 1969 und 1973, in denen man diese Winnersche Befindlichkeit von Außenräumen als Innenräume, Straßen als metaphysische und seelische Räume nachvollziehen kann. Diese Straßen sehen heute noch genauso aus, und es ist zweifellos Realismus, den Winner hier appliziert. Aber ein Realismus, der durch die Farbgebung, durch die Betonung der körnigen Strukturen des Siebdrucks, durch dessen malerische Qualitäten jene Überhöhung ins Surreale erfährt, wo die Bilder plötzlich zu Trance- und Traum-Chiffren werden. Straßen, die man nachts im Traum gegangen ist, Mauern, die man gesehen, betastet hat, Farben, die auf einen eingeschrien oder geflüstert haben. Plötzlich kommt Jack the Ripper um die Ecke oder noch schlimmer, das Nichts. Und dann gelangt man in die Thomas More Street, genau an die Stelle, die Winner überrealistisch im Bild festgehalten hat, und es ist wie ein Schock. Hier, ja hier müssen sie ihn enthauptet haben, den unbeugsamen Humanisten und Lordkanzler, den die Kirche dann später heiliggesprochen hat. Und was macht diesen Ort so besonders, was ist dieser Ort? Eine banale Wand, mit einem Abflußrohr, einem Kanalgitter und zwei Rohrstutzen. Gerd Winner hat dieser Wand eine Sinnlichkeit verliehen, die auf der Haut zu spüren ist, die unter die Haut geht, die Schichten zum Vibrieren bringt, von denen man gar nicht weiß, was sie eigentlich auslösen. Beim englischen Dichter James Thomson lösten diese Orte in den 70er Jahren des 19. Jahrhunderts Gefühle der geradezu physischen Verkörperung eines schuldbeladenen modernen Gewissens aus, bedingt durch das Wissen um soziale Ungerechtigkeit:

»... That City's atmosphere is dark and dense.
Although not many exiles wander there,
With many a potent evil influence,
Each adding poison to the poisoned air;
Infections of inutterable sadness,
Infections of incalculable madness,
Infections of incurable despair.«[29]

Die porösen Siebdruckstrukturen von Winners Haus- und Straßenmauern haben Geschichte geradezu in sich aufgesogen, atmen Vergangenheit, erweisen sich aber durch ihren Mangel an Transparenz gut für ein höchst wechselvolles Rollenspiel. Inzwischen sind Zauber wie Schauder verflogen. Ausgerechnet in dieser Straße wurde ein dreizehnstöckiges Einkaufszentrum errichtet, das in seiner architektonischen Maßstabslosigkeit die gesamte Umgebung dominiert und erdrückt.

Der wirklichen künstlerischen Leistung wird man erst dann gewahr, wenn man die kargen Schwarzweißphotos kennt, die Winner als Vorlage gedient haben, so wie sie 1982 in dem von Bernhard Holoczek herausgegebenen Skizzenbuch mit 544 Londoner und New Yorker Photos zu sehen sind. Dann begreift man auch, daß Winners Realismus eben nichts mit den in jener Zeit verlangten politi-

Canary Wharf, Mince Hill, 1978, 100 x 76,5 cm, Serigraphie (Ausschnitt), Kelpra Studio London

London Docks, 1970, Photographien

The Clink, 1978, 100 x 76,5 cm, Serigraphie, Kelpra Studio London, für den Neuen Berliner Kunstverein

schen Relevanzkriterien zu tun hat, sondern in viel tiefere und länger anhaltende Schichten zielt.

Die Gebäude zeigt er zunächst nur in Frontalansichten, zudem freigestellt wie in der ersten *Berlin Suite*. Im Fadenkreuz der Kamera axial anvisiert, posieren sie als Individuen. Der Standpunkt des Malers befindet sich im Zentrum, die Zentralperspektive strukturiert das Bild, stürzende Linien werden ausgeglichen. Und sie sind sinnlich und schön. Ungemein schön und sinnlicher als die diätgetrimmten Models, die zum Teil heute darin ihre Appartements bewohnen. Manche tragen die Grandezza spanischer Granden oder venezianischer Kavaliere zur Schau, andere blicken abweisend wie Hochsicherheitsgefängnisse, Zeugen einer großen Industriekultur, der Winner ein Denkmal gesetzt hat, auch wenn dies gar nicht weiter in seiner Absicht stand. Für ihn ist es eine zentrale Auseinandersetzung mit Architektur in Sinne von Figurationen. Das wird so recht an der seltenen *London Docks*-Mappe evident. Winner hat darin in reduzierten Photos die Docklandschaft zu beiden Seiten der Themse penibel aufgelistet. Wenn man die Blätter aneinanderreiht, ist es, als fahre man mit dem Boot die Themse hinunter, und in Augenhöhe ziehen all jene Gebäude vorbei, die heute entweder nicht mehr vorhanden sind oder die zu Lofts, Büros und Kleinbetrieben umgebaut wurden. So ergeben die Docks und Wharves das Ensemble eines großen industriellen Figurentheaters. Winner hat mit dieser Mappe ein kulturgeschichtliches Denkmal geschaffen, das still und bescheiden Zeugnis ablegt, wie es ausgesehen hat, das aber kaum jemand kennt, da es, abgesehen von der Mappenedition, nie publiziert wurde.

Unter den Frontalansichten befinden sich auch reichlich skurrile wie die Serigraphie *Nile Street* von 1972, wo eine bizarre Choreographie blauer Abflußrohre an der Hauswand quasi die schrulligen Sonderlinge, die ›cranks‹ und ›odd characters‹ des 18. und 19. Jahrhunderts beschwört. Das wirkt fast wie ein Kommentar zum Thema ›Baukörper‹ und zur Körperlichkeit der Stadt. Der ›Stadtkörper‹ tritt mit seinem Verdauungstrakt zutage, fast schon wie ein Vorläufer des Centre Pompidou, bei dem das 100 Jahre später zum ästhetischen Prinzip erhoben wird. Die Wirkung der Dockland-Bilder auf den Betrachter ist durchaus unterschiedlich und wird wie bei Winner selbst durch Vorwissen, Neigungen und Stimmungen beeinflußt, die seine These von den metaphysischen, den psychologischen Räumen bestätigt.

Manche von ihnen können in der Tat Schauder einflößen, ›Gothic‹ wirken, geheimnis- oder sogar unheilvoll, z. B. wenn der Betrachter wie in *Hatfields* (1973) oder *Archway* (1972) oder *Clink Wharf* (1971) durch Torbögen, um Kurven herum ins Ungewisse hineingezogen wird. Als ich Rockmusikern diese Bilder zeigte, sagten sie spontan, sie erinnerten sie an Genesis oder Pink Floyd. Jetzt verstünden sie, warum deren Musik aus London so klingen müsse, wie sie klingt.

Thomas More Street, 1972/73, 190 x 258 cm, Acryl auf Leinwand, Kelpra Studio London

Thomas More Street, 1972/73, 100 x 72 cm, Serigraphie, Kelpra Studio London

Seit 1987 ist die Isle of Dogs eine der größten Baustellen der Welt. Es war ja der Containerhafen Tilbury am Unterlauf der Themse, kurz vor ihrer Mündung, der den sich über 75 km² erstreckenden Londoner Docklands den wirtschaftlichen Garaus machte. Da im postmodernen Yuppie-Kapitalismus Maggie Thatchers die City angeblich aus allen Nähten zu platzen drohte, beschloß man, auf der Isle of Dogs innerhalb nur eines Jahrzehnts eine zweite Londoner Innenstadt aus dem sumpfigen Boden zu stampfen. Kennt man die Hochglanzprospekte der Investoren aus den späten 80er Jahren, so sollte dort eine auf der Welt einmalige bukolische Idylle entstehen, eine rauch- und lärmfreie Großstadt, ein Zentrum der Kommunikationsindustrie, umgeben von Wasserbecken und Parks, die einer neuen Freizeitgesellschaft heiteren Müßiggang und streßfreies Arbeiten gewähren sollte. Realität, so sei zur Ehre aller Kritiker angemerkt, die unisono erkannten, daß dies Wunschdenken und Augenwischerei sei, Realität sieht anders aus. Und sie legten von vornherein den Finger auf die Wunde, die mangelnde Infrastruktur hieß, und auf eine zweite, die da lautet, die Geschäftsleute sehen keinen rechten Anlaß, aus der City an die Peripherie des Unterlaufs der Themse zu ziehen. Es kam, wie es kommen mußte, Milliarden von Dollars und britischen Pfunden wurden verbaut und in die Marschlandschaft gesetzt, selbst höchst solide und honorige Investoren gingen Bankrott.

Dennoch ist Canary Wharf, diese neue Stadt auf der Isle of Dogs, entstanden, langsamer, nicht ganz so homogen wie geplant, zum Glück rauher. Eines Tages wird sie sich auch zu einem bedeutenden Subzentrum Londons entwickelt haben. Aber Gerd Winners »Neues Jerusalem« ist sie nicht geworden. Obwohl einige bedeutende Architekten ihr gebautes Scherflein beigetragen haben, wirkt das Ganze wie aus dem Legobaukasten. Mit wenigen Ausnahmen. Und die waren schon vorher da, so z. B. jene Straße, die Gerd Winner bereits 1973 im Bild festgehalten hat, mit ihren traditionellen Wharves sowie den charakteristischen Brücken, welche die bis zu 120 m landeinwärts liegenden Lagerhäuser mit dem Themse-Ufer verbinden. Doch der Verlust im Vergleich zu den »metaphysischen Räumen« Winners wird einem bewußt, sobald man die atmosphäredurchsättigten Winner-Bilder neben die postmoderne Disneyland-Kulturwelt der heutigen Canary-Wharf-Stadt auf der Isle of Dogs legt.

Gerd Winner hat sich hier und in den anderen Bildern der *London Docks*-Serien zum ersten Mal im großen Stil dem Thema Stadtlandschaft gewidmet. Der ikonographische Topos stammt aus der Landschaftsmalerei, wie sie sich seit der Renaissance als autonomes Sujet entwickelt hat. Die Natur war ein Mittel zur Erkenntnis, der der Mensch als Subjekt entgegentrat, und die er zum Gegenstand seiner Betrachtung machte. Die Landschaft als eigenständige Bildgattung diente bis gegen Ende des 18. Jahrhunderts der künstlerischen Reflexion über die ›freie‹ Natur, die sich als Idylle, als heile Welt präsentierte und meist positive Stimmungswerte erzeugen sollte. Mit fortschreitender Zivilisation, Technisierung und Urbanisierung entwickelte sich zugleich ein komplexer Landschaftsbegriff. Neben die romantisierende Tendenz zum ›Traum vom Lande‹ als Gegensatz zur städtischen Existenz tritt eine Auffassung, die Landschaft letztlich als

Dockland I, 1972, 70 x 102 cm, Serigraphie, Kelpra Studio London

Dockland II, 1972/73, 160 x 245 cm, Acryl auf Leinwand, Kelpra Studio London

das Ergebnis sämtlicher Wechselwirkungen von natürlichen Gegebenheiten und gesellschaftlichen Zuständen versteht. Damit wird auch die Stadt und schließlich das Industrierevier und die Müllhalde als die ›zweite Natur‹ des Menschen zur Landschaft. Die Natur verläßt so ihre Position des geheimnisvollen Gegenübers, sie ist total angeeignet und hat zugleich aufgehört, chiffrierter Gegenstand empfundener Sehnsüchte nach Besserem und Ewigem zu sein.[30]

Gerd Winners Londoner Stadtlandschaften sind ambivalent. Sie sind realistisch und zugleich romantisch. Sie ziehen den Betrachter an und sie setzen ihn auf Distanz. Sie sind ästhetisch und kritisch. Sie sind dokumentarisch und doch voller Geheimnis. Sie sind fremd und doch schnell vertraut. Sie evozieren psychologisch unterschiedliche Stimmungslagen – oft schon durch die Farbgebung – und sie affizieren die Sinne. Sie sind tektonisch – sachlich und zugleich emotional. Sie sind statisch und doch voller visueller Effekte, die die Bilder dynamisieren. Die britische Malerei hat nicht ihresgleichen.

Der expressionistische Grundgestus deutscher Malerei und Literatur im 20. Jahrhundert ist der britischen Kunst, wenn nicht völlig, so doch ziemlich fremd. Für emphatisches Stöhnen, lodernde Verzweiflung und Weltschmerz wie er in Deutschland insbesondere auf Berlin bezogen wird – die regionalen Zentren wie Hamburg, Köln, München kommen da besser weg – ist im britischen Denken kaum Platz. Da ist zuviel Pragmatismus, Ironie, Sarkasmus und Groteske, um derartige Stimmungen und Gesten einreißen zu lassen. Gerd Winner aber hat mit seinen *London Transport-* und *London Docks-*Serien einen ganz eigenen Zugang zur Stadt im Umbruch gefunden. Ohne daß er dies bewußt steuern könnte, kommen in jüngster Zeit Bilder aus London erneut wirkungsmächtig aus seinem Inneren hoch, vor allem das Erlebnis von Außenräumen als Innenräume, als seelische Räume, das für ihn ein zentraler Bestandteil seiner London-Erfahrungen ist. Die ›Wiederkehr der Bilder‹ ist ein Phänomen, das Gerd Winner mit zunehmendem Alter staunend an sich selbst erfährt.

oben:
Archway, 1972, 69,5 x 104 cm, Serigraphie, Kelpra Studio London
Mitte:
Hatfields, 1973, 70,5 x 103 cm, Serigraphie, Kelpra Studio London
unten:
Bankside, 1973, 70,5 x 103,5 cm, Serigraphie, Kelpra Studio London

photographische Arbeitsvorlage

Grundform grau mit Mauerform ocker + Straßenmarkierung gelb

Horizontales Blending von Ocker zu Caput Mortuum + rechte Mauerform blau

Andruck Strukturform 3

Slow, verschiedene Arbeitsprozesse bis zur Druckreife

erster Zustand im Zusammendruck der 8 Druckformen

Vertikales Blending von Grün-Rot-Gelb-Blau

Zusammendruck von erstem Zustand und vertikalem Blending

erster Zustandsdruck + Farbvariante des vertikalen Blendings

Slow, 1972, 102,5 x 70 cm, Serigraphie, Kelpra Studio London

Slow im Nebel, 1972, 69,5 x 104 cm, Serigraphie

Times Square, N.Y., 1987/88, 100 x 140 cm, Mischtechnik auf Bütten

NEW YORK

»Mit New York kam die Veränderung meines Sehens.«

Keine andere Stadt hat im 20. Jahrhundert auf Künstler, vornehmlich auf Maler, Literaten und Filmregisseure, so intensiv gewirkt, wie New York. Die Zeugnisse sind Legion und sie haben alle mit dem Herzen der Stadt, mit Manhattan, seiner Architektur, dem pulsierenden Leben, dem Verkehr, der Fülle von Eindrücken, der Multikulturalität dieser Metropole zu tun. Es gibt längst viel größere Städte, aber es gibt keine andere mit einer derart eindrucksvollen Skyline. Man mag noch so sehr ein Gegner von Hochhausarchitekturen sein, vor New Yorks Wolkenkratzer-Kulisse schmelzen die Einwände dahin.

Als Gerd Winner 1972, zusammen mit seiner Frau Ingema und dem Druckerehepaar Domberger, zum ersten Mal nach New York fuhr, war dies ein bewußter Schritt in die Fremde, der aber doch anknüpfen sollte an die Londoner Erfahrungen. Der Dockland-Experte Winner interessierte sich für die New Yorker Docklands, für die Hafensituation mit den mehr als 100 Piers auf der East- und West-Side Manhattans. Es kam, wie es kommen mußte: anders. Der Prozeß der Zerstörung traditionell industrieller Hafenstrukturen war Anfang der 70er Jahre in New York schon weiter vorangeschritten als in London. Die meisten Piers waren funktionslos geworden.

Winner ging nicht etwa direkt aufs Zentrum los, er näherte sich ihm langsam und in vorsichtigen Schritten. Dieses Vorgehen unterstreicht, was bereits zu Winners Arbeitsweise gesagt wurde. Es dauerte anderthalb Jahrzehnte, bis er mit seinem künstlerischen Schaffen beim Times Square angekommen war, der ihn seither nicht mehr losläßt.

Nun besteht ein grundsätzlicher Unterschied zwischen Winners Auseinandersetzung mit New York und der mit London darin, daß er New York zwar häufig besucht, aber dort nie kontinuierlich über längere Zeiträume hinweg gelebt hat, während die drei ersten London-Jahre durch lange Aufenthalte in der Stadt geprägt sind. Für ihn war die erste Reise nach Amerika der Sprung von der vergleichsweise heilen Welt einer europäischen Metropole ins futuristische Chaos. Er geht vor wie ein Feldherr. Er kreist das Zentrum von den Rändern her ein. Er schleicht sich heran wie ein Indianer, von den Rückseiten der Häuser, von ihren Brandmauern und Feuerleitern: Pennsylvania Station, Hoboken Ferry, East- und West Side Embanquement, Catfish Row, Bowery, Minetta Street, Off Broadway, nicht näher benannte Wohngegenden in der East Side, das sind die sichtbaren Stationen. Und wer New York kennt, weiß, wie typisch diese Orte für das Leben durchschnittlicher Bürger in dieser Stadt sind. Es sind gerade nicht die Prunkstücke und Renommierplätze, die man den Touristen vorführt und die in allen Shopping Guides eine Rolle spielen, sondern das alltägliche Gegenteil. Und wieder kommt einem Calvino in den Sinn:

»Ist er nicht auf seiner ersten Reise, so weiß der Mensch bereits, daß Städte wie diese eine Kehrseite haben: Man braucht nur einen Bogen zu gehen und schon hat man Morianas verborgenes Gesicht vor Augen, eine Fläche mit verrostetem Blech, Sackleinwand, nagelbespickten Balken, rußschwarzen Rohren, Haufen von Büchsen, Brandmauern mit verwaschenen Inschriften, Stuhlgerippen ohne Flechtsitze, Stricken, die nur noch dazu taugen, sich an einem morschen Balken aufzuhängen.

Es scheint, daß die Stadt von der einen Seite zur anderen perspektivisch weitergeht und ihr Repertoire von Bildern multipliziert (...).«[31]

Einige dieser Blätter gehören zu den schönsten, die Winner geschaffen hat: *West Side Embanquement N.Y.* (1975), *Off Broadway* (1973), *Bowery N.Y.* (1980). New York hat sein eigenes Licht, so wie jede Gegend ihr spezifisches Licht besitzt. Schatten beginnen eine größere Rolle zu spielen. Rost besitzt eine unglaublich schillernde Poesie, ist Sinnbild ständiger Aggregatzustandsveränderungen. Der Strukturalist Winner tritt allmählich schärfer hervor. Die Feuerleitern und ihre Schatten bestimmen wesentlich die Tektonik zahlreicher Blätter. Dabei herrscht ein vertikaler Bildaufbau vor. Noch ähneln die Bilder in ihren Frontalansichten, ihrer Axialität denen der Londoner Dockland-Serien. Doch das sinnliche, multisensorische Moment ist so hoch wie das der Blätter in der *Arabian Walls*-Mappe. Licht und Schatten gewinnen in den Folgejahren eine immer stärkere Bedeutung, der Impressionist Winner tritt zutage. Aber es sind keine pointillistisch hingetupften Bilder, sondern sorgfältig kalkulierte.

Die Frage taucht auf, ob es sich etwa bei den Bildern der Bowery, von Minetta Street oder Catfish Row um eine Ästhetisierung des Elends handele? Andersherum gefragt, ist Winner das Schicksal der Bewohner all dieser heruntergekommenen Quartiere gleichgültig? Nie blickt er in die Fenster hinein, sie bleiben blind. Nie ist ein Mensch zu sehen. Die Frage scheint mir falsch gestellt. Zu offensichtlich heischt sie nach sozialkritischer Antwort. Die Mieten, selbst noch in der Bowery, sind für europäische Verhältnisse unglaublich hoch. Das Gesetz von Angebot und Nachfrage bestimmt den Preis. Die Menschen dort sind keineswegs alle unglücklich oder verelendet. Sie leben in festen ›communities‹, die Mehrzahl sind Chinesen. Man kommt z. B. in so ein Haus, das von außen wie das heulende Elend aussieht, aber selbst das ist mit dreifachen Stahltüren gesichert, weil die Drogenkriminalität hoch ist. Und drinnen trifft man auf mehreren Stockwerken unversehens auf fröhliche chinesische Dorfgemeinschaften, wo alles durcheinander schnattert und die Alten den lieben langen Tag lang Ma Yong spielen, als gingen die Kinder nebenan aufs Reisfeld. Die aber sind kleine Händler und Gewerbetreibende. Unten, im schäbigen Elektronikladen des Erdgeschosses, da steht ein roter Drache mit lauter kleinen Lichtern bestückt, die ständig auf- und abblinken wie ein Weihnachtsbaum mit Wackelkontakt. Der Besitzer findet das toll und ist mächtig stolz darauf.

Es sind durchaus die 150 oder mehr Ethnien, welche die Stadt bevölkern, die Gerd Winner interessieren. Hier findet er das ›Jerusalem‹ unserer Zeit, eine moderne urbane Utopie. Und nirgends sonst, so meint er, kann man derart exemplarisch in den künstlerischen Dialog mit unterschiedlichsten Stadträumen eintreten. New York ist die Synthese aller seiner Stadterfahrungen, eine künstlerische Laborsituation.

Allmählich beginnt die Stadt, ihre Architektur und ihr Leben, das Sehen Gerd Winners zu verändern. Das geschieht keineswegs automatisch. Wir sehen, was wir gelernt haben zu sehen. Bewegung, Dynamik, Multiperspektivität dieser Stadt bringen die statischen Qualitäten seiner Bilder ins Wanken, machen sie durchlässiger. Tiefenräume werden aufgerissen, Achsen kippen aus den Vertikalen. London, das war ein kontinuierlicher Verdichtungsprozeß über drei Jahre hinweg. New York, das sind immer wieder Adrenalinschübe an sinnlichen Eindrücken. Die aber sind daheim im Liebenburger Atelier in mühevoller Kleinarbeit in großformatige Werke umzusetzen: »Sinnliche Spannung über Jahre auszuhalten und zu erzeugen, dem Mitarbeiterteam zu vermitteln, ist ungeheuer schwierig.« Auf die Netzhaut des Betrachters, auf sein Hirn und in seine Emotionen wirkt spontan frisch und unverbraucht, was in langen Arbeitsprozessen, mit altmeisterlicher Lasurtechnik, in bis zu 30 Druckvorgängen entstanden ist. Dabei sind Winners Zyklen nicht beliebige Additionen von Bildern und Themen, sondern sie entstehen nach einem strikt kalkulierten Programm. Ab 1986 wagt er sich an den Times Square. Bis heute sind weit mehr als 120 großformatige Siebdrucke und Leinwände entstanden, jedes Bild ein Unikat, unverwechselbarer Bestandteil des Zyklus.[32]

Der Times Square ist für Winner das Herz New Yorks. Darüber hinaus aber ist er die architekturgewordene Verkörperung seiner Idee und Utopie von Stadt überhaupt. Eigentlich ist dieser Square weder Square noch ein Platz im europäischen Sinne. Nichts besitzt er vom Campo di Siena, vom Bremer Marktplatz, dem Londoner Trafalgar Square, und schon gar nichts von all jenen für Massenaufmärsche bestimmten Plätzen in diktatorisch regierten Staaten. Er ist eigentlich nur eine Straßenkreuzung, eine fließende Bewegung zweier sich ›x-ender‹ Straßen, des Broadway und der 7th Avenue, ein Ort ständiger Bewegung, ein Ort von Licht und Schatten, des Energieflusses von Wärme, Kälte, Emotionen, Ort der Rhythmen, Strukturen und medialen Botschaften. Diese Botschaften sind die Botschaften unserer Zeit. Werbung und auf den Punkt gebrachte Informationen. Sie sind visionär, sie sind Licht, sie sind Bild und Bewegung: ›Bacardi Rum, Coca Cola, SONY.‹ So überdimensional bringt es das Fernsehen nie unter die Leute und unter die Haut. Die Textbotschaften sind zugleich Bildbotschaften. Sie sind integraler Bestandteil von Winners Bildern geworden.

Walter Vitt, Redakteur am WDR in Köln, hat die Textbruchstücke aus den *Times Square*-Bildern zu Gedichten zusammengefaßt, die er ›Sky Lyrics‹ nennt. Ihre Stakkato-Rhythmen könnte man sich aus Lautsprechern über den Platz dröhnend oder als Leuchtschriften vorstellen. Wenigstens eines sei hier zu Gehör gebracht:

links:
Times Square, N.Y., 1992, 140 x 100 cm, Acryl auf Bütten (Ausschnitt)

rechte Seite:
Times Square, N.Y., 1992, 140 x 100 cm, Mischtechnik auf Bütten (Ausschnitt)

Take Your Music Future Max

Just Maxell add to the Max
Picture writing in Bacardi
50 sound the corner world
Take your music future Max.

Neon York the love above
Products high the rim you got
Reebok Broadway O, O, O
Take your music future Max.

Sun sky got New York the ran
You love Yorkway on cassettes
RIMbok Neon the ReeBOVE
Take your music future Max.

Xellmax DELI SOUND olymp
Xellmax got the LOVE.

Sky Lyric No. 9 [33]

Die Texte wirken am intensivsten medial, in Verein mit den Bildern, die man zuvor verfilmt und in Bewegung gesetzt hat. Wenn man sie dann noch singen und tanzen läßt, ist die Broadway-Show perfekt.

Das innerste Geheimnis des Times Square besteht darin, daß es ihn zwar gibt, daß er aber zugleich Fiktion ist. Schon immer war er eine Welt der Attrappen, der Illusionen, des Vorgaukelns von Wünschen, Begierden, Sehnsüchten. Eine Welt der transitorischen Stahlgerüste, der Scheinarchitekturen und abendlichen Light-Shows. Permanent überlagern sich die Werbebotschaften. Architekturen werden dabei medialisiert, immaterialisiert. Zeiträume erneuern sich beständig. Vor diesem Schauspiel ein unglaublicher Menschenmix voller Kontraste:

»Beim Times Square ist Illusion Wirklichkeit und Wirklichkeit Illusion. Nirgendwo kann man die ambivalente Situation eines Stadtraumes besser erfahren. Kein überschaubarer urbaner Raum verändert schneller sein Aussehen, während eines Tages, zwischen Tag und Nacht, in Wochen und Monaten. Diese Zeitblenden, Überlagerungen und Verwandlungen wurden mein Thema; das Thema einer ›apokalyptischen‹ Stadtbefragung.« [34]

Von den Architekturen um den Times Square war bisher noch überhaupt nicht die Rede. Die aber dominieren die Bilder Winners, machen sie so spektakulär. Das Auge wird immer emporgezogen zu ansteigenden, emporstrebenden, durcheinanderwirbelnden Fluchtlinien von Architektur, zu Collagen aus Häuserbruchstücken, Verkehrszeichen, Werbetexten, zu geschichteten Verschachtelungen, bei denen nichts mehr im Lot bleibt, alles Bewegung, Kraftfluß ist, synästhetisch mit überaus sinnlichen Farben und Farbkontrasten auf das Auge des Betrachters einhämmert. Nie fallen die Linien mit jener Schwere und Wucht wie in den neueren *Berlin Suiten* die von

6 Bilder aus dem Times Square-Zyklus, 1992/93, je 96 x 70 cm,
alle Acryl auf Leinwand

**Times Square, N.Y., Bond, 1993,
96 x 70 cm, Acryl auf Leinwand**

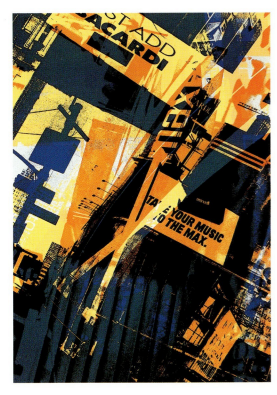  

linke Seite:
Times Square, N.Y., 1993, 120 x 80 cm, Serigraphie

6 Bilder aus dem Times Square-Zyklus, 1992/93, je 96 x 70 cm,
Acryl auf Leinwand (links oben/unten: 140 x 100 cm, Acryl auf Bütten)

Reichstag und Brandenburger Tor. Das suggeriert Leichtigkeit und das Fehlen von Tragik. Von Realismus kaum noch eine Spur, das jazzt und swingt und wirbelt, irritiert nervlich und geht mit kraftvollen Farben durchaus erotisch unter die Haut. Erotik dabei als sinnlich-kulturelle Kommunikationstechnik verstanden. Gerd Winner hat sich auch hierzu sehr klug geäußert: »Erotik als geistige Herausforderung ist ein Spannungsfeld zwischen Dinglichkeit, Illusion, Utopie und Wirklichkeit.« Und damit wären wir genau wieder bei den Bildern seines *Times Square*-Zyklus.

Bei den ineinander komponierten, collagierten, geschichteten Architekturbruchstücken fällt auf, daß Winner nur widerstrebend und meist in den neueren Blättern seit 1992 auch zeitgenössische Hochhausarchitekturen integriert, die allmählich optisch immer stärker das sich ständig verändernde Bild von Times Square und Umgebung bestimmen. Das hängt damit zusammen, daß er durchaus die eigenschaftslosen Schäfte der Mies-Nachfolge nicht leiden kann. Und zwar deshalb, weil hier menschliche Dimensionen eine immer geringere Rolle spielen. Die fast malerisch anmutende Narrativik der Hochhäuser aus den 20er und 30er Jahren findet seine Sympathie, weil sie die Dimension des Menschen noch immer Teil der Architektur werden lassen. Dieses Maß vermißt er in vielen neueren Bauten, die dennoch unausweichlich in seine Bilder der 90er Jahre hineindrängen. Die Dimension Zeit, Vergangenheit, Gegenwart sowie eine erahnte Zukunft ist somit stets integrativer Bestandteil dieser Bilder.

Winner zieht allerdings mit kritischem Blick die Architektur Chicagos durchaus der New Yorks vor. Und zwar wegen ihres höheren Grades an Komplexität, Geschlossenheit, künstlerischer Qualität und insbesondere deshalb, weil es Architekten wie Helmut Jahn in Chicago gelungen sei, phantastische Innenräume zu schaffen, die seine Qualitätskriterien von Humanität zu wahren wissen.

Die Farbigkeit der *Times Square*-Bilder entsteht im Liebenburger Atelier nach einem festen Programm aus den Primärfarben des Farbkreises heraus. Ihnen kommt hohe ästhetische, psychologische und symbolische Bedeutung zu. Mit der realen Farbgebung vor Ort hatte das bis vor kurzem wenig zu tun. Inzwischen jedoch ist Gerd Winner ein künstlerisch immer bewußterer Photograph geworden. Auch verschmäht er die Farbphotographie nicht länger, und die Farbigkeit von Times Square und Umgebung hat sich in den letzten Jahren erneut verändert. Das hat sichtbar Auswirkungen auf neuere *Times Square*-Bilder wie auf die des *42nd Street*-Zyklus genommen.

Winners *Times Square*-Bilder sind spektakulär und expressiv, aber nicht expressionistisch. Interpretatorisch sollte man sich davor hüten, aus ihrer Dynamik, ihrem Wirbel, ihren steigenden und stürzenden Gebärden nur Endzeitstimmung, das Getrappel apokalyptischer Reiter herauszuhören und zu sehen. In einzelnen, gerade den frühen Blättern des Zyklus, mag dies schon intendiert sein, aber der gläubige und bibelkundige Winner besitzt ohnehin eine andere als die land-

Times Square, N.Y., 1993, 99 x 73 cm, Acryl auf Leinwand (Ausschnitt)

läufige Auffassung von Apokalypse. Winners Sicht New Yorks oszilliert zwischen Babylon und dem Neuen Jerusalem, und dazwischen ist eben das gesamte Menschheitsspektrum angesiedelt. Er hält sich an die Apokalypse des Johannes. Und das beinhaltet eben nicht die Schreckenssituation eines Filmes wie *Independence Day*, sondern Ahnung, Verweis, symbolhafte Ausrichtung auf eine künftige paradiesische Situation. Derzufolge tritt die Stadt aus der realen Phase in eine visionäre ein, es vollzieht sich eine Transfiguration aus einer realen Situation in eine ideelle. Dabei wird mystisch-visionär der Außenraum zum Innenraum, stülpt sich gewissermaßen in und über ihn. Und das wäre dann – vielleicht – die ideale Stadt, nach der Gerd Winner ohnehin sein Leben lang auf der Suche ist.

In seinen Bildern wie in der Realität sieht er die Tendenzen dazu, nämlich die Auflösung und Transzendierung der real gebauten Stadt in eine weitgehend medialisierte, immaterielle Architektur, in vollem Gange.

An Winners Technik wirkt schon vieles filmisch. Die Collagen sind nie so von Hand zusammenmontiert wie uns das aus der Kunst des 20. Jahrhunderts zur Genüge bekannt ist, sondern sie sind nahtlos miteinander verschmolzen und wirken wie ein schnell geschnittener, durch digitale Postproduktion gegangener künstlerischer Film. Außerdem kommt eine eminent auditive und olfaktorische Komponente hinzu. Gerade durch die erwähnte ›Schnittechnik‹ vermeint man Musik-, Straßen- und Verkehrsgeräusche, den Klang der Stimmen, das Quietschen der Bremsen, Musikfetzen zu hören, Schweiß und Pizza- und Burgerdüfte zu riechen, Körperbewegungen zu spüren.

Diese Sicht wiederum entspricht absolut der des Architektenpaares Hani Rashid und Lise-Anne Couture aus New York. Hani stammt aus Kairo, Lise-Anne aus Montreal, sie sind also typische New Yorker. Ihr Wettbewerbsvorschlag für die künftige bauliche Gestaltung des Times Square läuft konsequent auf eine durchgängige Medienarchitektur hinaus.

Sie extrapolieren den auf Tourismusbedürfnisse ausgerichteten Trend nach ›Erlebnisorten‹ voll auf die Planung von Times Square und Umgebung. »Film as Architecture« nennen sie ihren Vorschlag. Dabei steht der zirzensische Charakter des Platzes, an dem alles in Bewegung ist und jeder, auch die Architektur, sich selbst inszeniert, in einem ›theatrum mundi‹ mitspielt und zugleich die anderen Akteure beobachtet, im Mittelpunkt ihres Entwurfs. Die beiden Architekten gehen davon aus, daß Realität und Fiktion der Medienwelt schon bald ununterscheidbar ineinander verwoben sein werden: Alles wird verfilmt, gesendet, animiert, gemorpht, interaktiv kommentiert, verändert, und jeder hat seinen Spaß dabei. Es ist der Stadtraum der Zukunft als Multimedia-Theater. Da gibt es z. B. ein völlig transparentes Gebäude, das als ›Body Shopping Center‹ ausgewiesen ist, in dem man jede Form von Narzißmus in ›Body Building Studios‹ aktiv und voyeuristisch befriedigen kann. Vom ›Broadcast Terminal‹ wird ein

Times Square, Photographien

Hani Rashid und Lise-Anne Couture, Hyperfine Splitting 001, 1994

ununterbrochener Strom an Talk-Shows, Diskussionssendungen, Selbsthilfe-Problemsendungen und ›Voyeur Vision‹ ausgestrahlt, an denen jedermann teilnehmen, sich einbringen kann. Unter dem Titel ›Body Surfing‹ bieten rund um die Uhr Zahnärzte, Friseure, Tätowierer, Fußpfleger, Schönheitschirurgen, Chiropraktiker ihre Dienste an, die Körper und Seele auffrischen sollen. Man kann sich die Sofortbräune im ›Vacation Saloon‹ holen oder in einer der vielen ›Morph Lounges‹ das eigene Bild in jede gewünschte Konfiguration transformieren und zugleich mit e-mail Botschaften versenden lassen. Man sieht, daß hier der mittelalterliche Jahrmarkt Pate gestanden hat und zeitgemäß fortgeschrieben wurde. Es wimmelt an ihrem Times Square von Cafés, Restaurants, Theatern, Kinos, alle jedoch darauf ausgerichtet, das Publikum nicht nur passiv zu unterhalten, sondern in irgendeiner Form aktiv mitwirken zu lassen. Die Touristen können sich jede Einzelheit ihres Besuchs sofort filmisch aufbereiten und konservieren lassen.

Hani Rashid und Lise-Anne Couture simulieren an der Columbia University mit großen Parallelrechnern nicht nur Media Cities. In ihren konkreten Entwürfen ziehen sie die Summe der Avantgarde-Experimente der letzten Jahre. Sie kombinieren gewagte, schroffe Architekturformen, eine Ästhetik des Rauhen, Bizarren mit hochsensiblen, optoelektronischen Versuchen einer farbigen, dynamischen, genuinen Medienarchitektur und brechen dabei zu neuen Ufern des 21. Jahrhunderts auf. In ihrem ›Hyperfine Splitting‹-Projekt, das sie seit Jahren verfeinern, wollen sie u. a. neue Wege der Interaktion von Mensch und Architektur erkunden, neue Vorgehensweisen Raum zu begreifen, mit ihm zu navigieren: »Das wird die Stadt in eine mehrdeutige Situation versetzen, die transparenter Atmosphäre ähnlicher ist als physikalischer Dichte.«[35]

Angesichts solcher Positionen wundert es auch nicht, daß sie in ihren raffiniert photographierten Modellen ganz ähnliche Schichtungs- und Lichteffekte erzielen wie Gerd Winner in seinen neuesten *Times Square*-Bildern.

Und es stellt sich darüber hinaus die Frage, was Winners Bilder von traditionell gemalten Bildern, von photographierten oder gefilmten Bildern unterscheidet. Was ist das für eine Sorte Bild? Was ist für ihn überhaupt ein Bild?

Seine Bilder haben mit Photos zu tun, nehmen Photos als Ausgangspunkte, be- und verarbeiten Ausschnitte aus Photos, sind aber keine Photos. Sie integrieren Bewegungsabläufe und -strukturen wie beim Film, sind aber keine Filme. Besteht der Film aus einer Abfolge von statischen Bildern, die in Bewegung versetzt werden, so integrieren Winners Bilder die Filmtechnik des bewegten Schnittes, schaffen Simultaneität, wo im Film Sukzession herrscht, während Überlagerungs- und Schichtungsprinzipien mittlerweile auch filmisch zu leisten sind. Im Unterschied zu Stadtcollagen wie sie z. B. Hanna Höch, Paul Citroen oder auch Fritz Lang in *Metropolis* schon in den 20er Jahren geschaffen haben, finden wir in Winners *Times Square*-Bildern nicht den ruckweisen Schwenk oder die sichtbar aus einzelnen Versatzstücken montierte Collage, sondern ein fließendes, gleitendes Bewegungsbild, das jedes für sich eine Filmsequenz, gewissermaßen einen kurzen Film darstellt. So spricht er denn auch von einem kontinuierlichen Prozeß permanenten Sehens, das in einen permanenten Film münde, in dem sich auf mehreren Bildebenen auch verschiedene Realitätsebenen überlagerten. Dabei wird die Bewegung sichtbar gemacht, die im eigentlichen Film gar nicht erscheint. Die Idee vom permanenten Film wird dadurch gestützt, daß Winners Bilder ihrem Wesen nach rahmenlose Bilder sind. Sie bedürfen keines Rahmens, der ihre Bewegungen festhält, eingrenzt, definiert, ihnen Identität verleiht, sie nach außen abgrenzt. Sie sind vielmehr Stationen in einem Bewegungskontinuum, das aus dem Prozeß des Sehens und dem des sich permanent verändernden Stadtbildes immer wieder neue Bilder gebiert. Von daher wird auch Winners platonisch-kryptische, gleichwohl historische Dimensionen und Perspektiven einschließende Antwort nach dem Wesen des Bildes verständlich, wenn er sagt: »Ein Bild ist ein Bild von einem Bild von einem Bild.«

Vor diesem Hintergrund erweisen sich Winner wie auch das New Yorker Architektenpaar aber auch ganz real als Seismographen für die gegenwärtige Entwicklung des Times Square. Nach Jahren des Niedergangs und der Kriminalisierung der gesamten Umgebung, die auch deren Ruf als Geschäftsadresse ruinierte, sind es nicht zuletzt deutsche Medienkonzerne, allen voran Bertelsmann, die den fulminanten Wiederaufstieg des Times Square einleiten. Der Musiksender MTV und das Zeitschriftenimperium Condé Nast, der Fernsehsender HBO und der Disney Store sind gefolgt und treiben die Umgestaltung von Times Square und 42nd Street exakt in die Richtung, die sich in Gerd Winners Bildern andeutet. Mit Beseitigung der zwielichtigen, schäbigen, schmuddeligen Dimension wird der ganzen Gegend natürlich auch einiges von ihrer Doppelbödigkeit, ihrer schillernden Ambiguität genommen. Ein keimfreier Times Square könnte seinen künstlerischen Reiz schnell verlieren.

Seit 1993 hat Gerd Winner seinen Blick etwas von der Fixierung auf den Times Square gelöst, in die Runde schweifen lassen und eine Reihe großformatiger Leinwände zur benachbarten 42nd Street geschaffen. Er selbst spricht davon, daß diese Bilder stiller geworden seien als die des *Times Square*-Zyklus, daß sie auf Vorbilder der Londoner Docklands zurückgingen. In der Tat herrscht ein etwas ruhigerer Grundduktus vor. Das Thema Stadtlandschaft wird erneut unter weniger visionär-utopischen Vorzeichen angegangen. Aber wenn man sich z. B. die Untergruppe der vier *Sound and Pictures*-Leinwände anschaut, dann geht es dort gewissermaßen drunter und drüber. Musik und Bilder, das ist das Thema der Theater, Musicals und Filme des Broadways, das Zentralthema amerikanischer Unterhaltungskultur. Doch hier herrscht ein ›topsy-turvidom‹ ohnegleichen, die Stadt steht Kopf, die Welt steht Kopf, das Unterste wird zuoberst gekehrt, und alles schlittert auf abschüssigen Bahnen.

Zeichen, Signale und Symbole sind dabei immer integriert. Ohne sie kommt modernes Stadtleben nicht aus. Zu den schönsten Bildern dieser Serie gehören *Viewpoint of an Architect* (1995) und *Amsterdam Lyric* (1995), die nun doch beide Architekturhistorie und -archäologie betreiben. In geradezu meisterhafter Manier zollt *Amsterdam Lyric* New Yorker Stadtgeschichte Tribut, während die

Titel auf den Theaterankündigungen voll ambivalenter Ironie stecken: MY REFLECTION SPLATTERED BY THE CITY BUS ONTO MY PANTS und ANDROGYNOUS STRANGER WINKS AT ME.

Gerd Winners Bilder tendieren zu wachsender Vielschichtigkeit und Perspektivenvielfalt. Er gibt sich niemals mehr, wie am Anfang, mit nur einem Standpunkt zufrieden. Er umkreist sein Thema, gestaltet die Bilder dialogisch, läßt andere Sichten zu Worte kommen und bezieht den Betrachter in die Diskussion mit ein. Architektonisch finden die *Times Square*- und *42nd* Street-Bilder durchaus ihre Entsprechungen im Dekonstruktivismus, der von Schrägen, Durchbrechungen, Durchbohrungen, spitzen Winkeln, schiefen Bahnen, Rampen, auskragenden Vorsprüngen etc. lebt und Spannung gewinnt. Sie sind aber auch dramatisch, medial und visionär. Winners Bilder leisten in ihrer symbolreichen Vielfalt und mit ihren Tiefendimensionen, was Photos in der Regel eben nicht zu leisten vermögen. Die Gegenüberstellung von Ausgangsmaterial und Endprodukt macht dies evident. Insgesamt aber stellen sie eine glühende Hommage an das größte Kunstwerk dar, das der Mensch je ersonnen hat: die STADT. Noch sind diese Zyklen nicht abgeschlossen. Immer wieder drängen aus dem Untergrund neue Bilder nach oben. Sie abzuarbeiten, wird Gerd Winner noch Jahre kosten. Oder, um es abermals mit Calvino zu sagen: »Das Gedächtnis ist übervoll: Er wiederholt die Zeichen, damit die Stadt zu existieren beginnt.«[36]

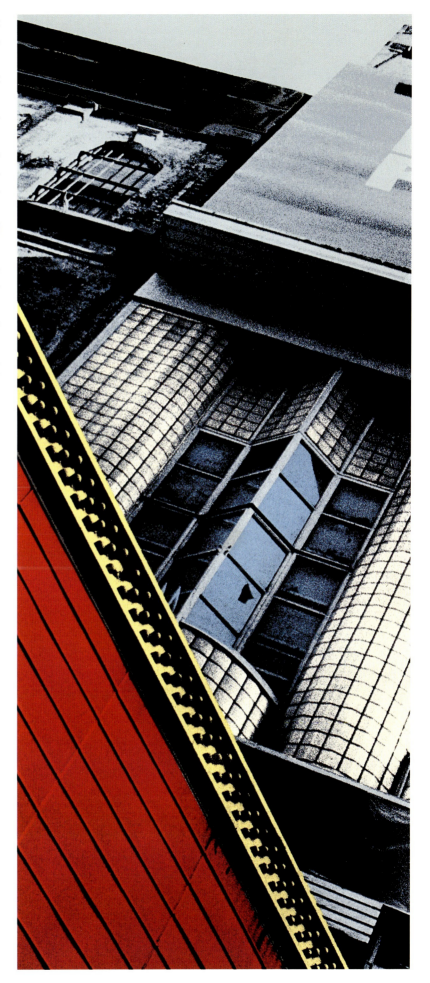

42nd Street, 1994, 140 x 100 cm, Mischtechnik auf Bütten (Ausschnitt)

42nd Street, Moving, 1993, 195 x 130 cm, Acryl auf Leinwand

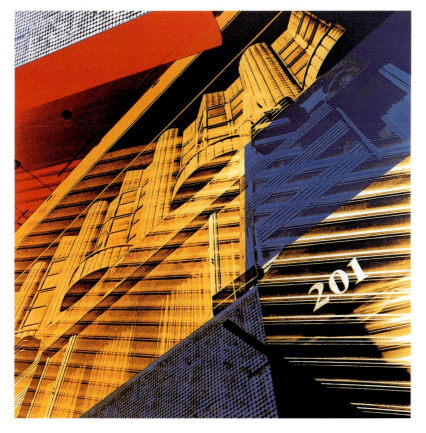

oben:
42nd Street, 201a, 1995/96, 196 x 196 cm, Acryl auf Leinwand
unten:
42nd Street, Theatre, 1994, 196 x 196 cm, Acryl auf Leinwand

oben:
42nd Street, 201b, 1996, 196 x 196 cm, Acryl auf Leinwand
unten:
42nd Street, Amsterdam Lyric, 1995, 196 x 196 cm, Acryl auf Leinwand

42nd Street, R NOT, 1994, 165 x 165 cm, Acryl auf Leinwand

42nd Street, Camera, 1995, 165 x 165 cm, Acryl auf Leinwand

nachfolgende Doppelseite:
42nd Street, Viewpoint of an Architect, 1995,
je 220 x 200 cm, Acryl auf Leinwand

42nd Street, Exit III, 1998, 196 x 196 cm, Acryl auf Leinwand

ROADMARKS, WEGEKREUZE UND KREUZWEGE

»Die Erfahrung, über die Straße zum Atelier im Nebel zu fahren, war sehr schnell eine transitorische Loslösung aus einem realen Zusammenhang in eine visionäre Verdichtung.«

Den Nebel, für den London jahrhundertelang berühmt-berüchtigt war und der so vielen Kriminalromanen und -filmen als stimmungsträchtige Kulisse gedient hat, gibt es praktisch nicht mehr, seit es verboten ist, mit Kohle oder Öl zu heizen. Noch in meiner eigenen studentischen Jugend in London habe ich erlebt, daß Asthmatiker an Nebeltagen in London einfach umkippten und manche Menschen zum Schutz ihrer Bronchien mit Atemschutzmasken auf die Straße gingen. Eine mystische Stimmung konnte einen an solchen Nebeltagen schon beschleichen. Erst recht einen wie Gerd Winner, der tief beeinflußt war vom absurden und surrealistischen Theater und Film bei Beckett, Cocteau, Ionesco nebst deren existentiellen Grundbefindlichkeiten und ohnehin zu meditativen Gedanken neigte.

Mag es den Nebel nicht mehr geben und mögen die meisten Ensembles von Dockland-Häusern rund um St. Katharine's verschwunden sein, die Straßen, genau so wie Winner sie eingefangen hat, sind noch da. Oft sogar noch surrealer, denn manche von ihnen führen durch ein zumindest über eine Umbruchzeit andauerndes Ödland, sind noch menschenleerer als in den 70er Jahren zu Zeiten des Niedergangs der Docks. Hinter ihren abweisenden Mauern sind bis auf einige Ruinen die Häuser weitgehend abgeräumt. Oder man hat Appartement-Häuser für die obere Mittelklasse an die Themse-Front gebaut, und deren Bewohner halten sich britisch distinguiert zurück. Nichts von der alten hemdsärmlig-pfiffigen Docker-Burschikosität ist da geblieben. Und dahinter erheben sich pseudomoderne Kästen aus Glas und Beton, vor deren Maßstabslosigkeit einem in ganz anderer Weise schaudern kann als vor der mitunter unheimlich wirkenden körperlichen Präsenz alter Wharf-Gebäude. So ist *SLOW* von 1972 zu einem Schlüsselbild für das Verständnis ganzer Werkgruppen in Winners Œuvre geworden. Die bereits erwähnte Thomas More Street dient als Auslöser: eine dieser leeren Straßen in den Docklands, die Bildsituation im Vergleich zur photographischen Vorlage noch reduzierter. Die Straße verläuft zwischen Mauerschluchten, vor denen lediglich einige rein funktionale Laternenmasten stehen. Sie macht eine Rechtskurve und verschwindet irgendwohin, in eine Zukunft, so wird suggeriert, von gleicher Trostlosigkeit. Linien in gelber Leuchtfarbe markieren die Straßenmitte, auf der linken Straßenseite ist das Wort SLOW in groß dimensionierten Lettern auf den körnigen, rissigen Asphalt geschrieben (vgl. Abb. S. 104–113).

Der Bühnenbildcharakter dieser realistischen, sich aber sofort ins Symbolische überhöhenden Straßenszenerie ist unübersehbar. So leer das Bild auf den ersten Blick scheint, ist es doch eine Verdichtung vieler täglicher visueller Einflüsse und Erlebnisse und steht am Ende eines sensiblen Selektionsprozesses. Gerade an Becketts Bühnenbildern, an Stücken wie *Endgame* oder *Waiting for Godot*, oder auch an frühen Arbeiten Bob Wilsons kann man ja lernen, außerordentlich genau hinzuschauen, Reduktionsformen mit Symbolik aufzuladen, in der Langsamkeit eine Fülle von Minidramen zu entdecken. SLOW wird zum symbolischen Zeichen. Es warnt vor einer potentiellen Bedrohung oder Gefährdung, verweist dabei auf räumliche und zeitliche Dimensionen:

»Beide zusammen ziehen den Betrachter förmlich in die menschenleere Situation hinein und ermöglichen ihm, sich selbst darin wiederzufinden. Das Bild spiegelt innerpsychische Situationen von Lebensangst und geahnter Bedrohung und eröffnet einen seelischen Raum, in dem der Betrachter sich mit seinen Erfahrungen wiederfinden kann.«[37]

Für Winner waren die Räume der Docklands von jeher metaphysische Räume, die sich für ihn zu Zeichen verdichteten:

»Alle meine Arbeiten sind Zeichen. Auch die photographischen Strukturen sind, als Zeichen verdichtet, transitorisch. Sie verweisen aus der unmittelbaren Realität immer in eine dem Bild gewissermaßen systemimmanente transitorische Bedeutung, d. h., der Augenblick wird für die Ewigkeit festgeschrieben. Das ist ein starkes Wort. Aber dahinter steht die Symbolsprache, die von den Erlebnissen der Realität immer in die futuristische Dimension deutet.«

Dieter Blume hat den Umsetzungsprozeß vom Photo ins fertige Bild und seine Druckvarianten präzise beschrieben:

»Die malerisch-graphische Umsetzung

Die fluchtenden Linien der Mauern, die Straße und Fahrbahnmarkierungen wirken raumbildend. Ihnen werden entsprechende Farbwerte zugeordnet. Additiv zu dem vorhandenen perspektivisch gebildeten Raum sollte versucht werden, einen konkav wirkenden Farbraum mittels horizontalem Blending – die Farbwerte der Mauern perspektivisch betonend – und einen imaginären Nebelraum mittels vertikalem Blending – durch modulierende Farbverläufe – zu erzeugen. Der erste Zustandsdruck entsteht. Darüber werden mit einer Flächenform Blendings in verschiedene Farbvarianten erprobt. Durch additiv lasierendes Überdrucken mit abgestuften Farbformen, in wiederholten Blendings, wird die Grenze der technischen und ökonomischen Möglichkeiten der graphischen Vervielfältigung überschritten. (…) Mit den wiederholten Blendings wird die angestrebte Räumlichkeit immer stärker überlagert und geht mehr und mehr verloren (…). Der dritte Zustand wird in einer Auflage von 75 Exemplaren mit Chris Prater im Kelpra Studio in London gedruckt (…).

Der erneute Anlauf

Ein halbes Jahr später, nachdem der Druckversuch für einen künstlich erzeugten Nebelraum abgebrochen wurde, entstand eine neue, anders komponierte, den Nebel real enthaltende Photographie der Thomas More Street. Das ganze Projekt wird erneut angegangen (…).

Nacheinander entstehen vier Anläufe, das Thema bis zur auflagefähigen Druckreife durchzuentwickeln.«[38]

Wegkreuze – Kreuzwege,
1981, 400 x 600 cm,
Acryl auf Leinwand

Roadmarks, Wegekreuze und Kreuzwege 135

oben:
Kreuz-Spur IV, 1984, 104 x 103 cm, Mischtechnik auf Leinwand
unten:
Kreuz-Spur, 1984, 104 x 103 cm, Mischtechnik auf Leinwand

All diese Textbilder, die in den 70er und frühen 80er Jahren das Licht der Kunstwelt erblicken, tragen ja einen zugleich meditativen wie imperativen Charakter, der sich mit hohem ästhetischen Moment verbindet. Sie sind ambivalent. Es handelt sich um Warnzeichen, die fürsorglich den Menschen vor Gefahren bewahren wollen. Es ist zugleich aber auch so, als sei da eine anonyme Macht am Werk, die nichts anderes im Sinne hat, als das Leben mit Warnungen und Verboten zu verregeln und zu verriegeln. Und obendrein ist natürlich der Memento-mori-Charakter von Bildern wie *DEAD END AHEAD* (1982), *END* (1981) oder *EXIT* (1994) unübersehbar. Hierdurch gewinnen sie, bei entsprechender Veranlagung, auch rasch eine zusätzliche religiöse Dimension, in der sie sich als Kristallisationskerne für Meditationen erweisen.

Die Bild-Zeichen, Zeichen-Bilder begleiten Gerd Winners Schaffen von den frühen 70er Jahren bis in die Gegenwart. Seit 1980 gilt seine erhöhte Aufmerksamkeit jedoch ›Roadmarks‹ in Form von urbanen Leitlinien auf Straßen, Flughäfen, Parkplätzen, Bahnhöfen. So etwas kann bis zur Obsession gehen. Und ist man sich ihrer erst einmal bewußt geworden, merkt man, wie sehr unser tägliches Leben von solchen Regelsystemen normiert und begrenzt wird.

Begonnen hat es 1980 mit einer Reise nach Tokio, die Winner mit Unterstützung der Zeitschrift *art* unternahm. Nach Berlin, London und New York wollte er sich den Erfahrungen einer asiatischen Metropole aussetzen, von der er sich ein hektisches Chaos erwartete. Er wollte die Stadt quasi als Laborversuch auf sich wirken lassen:

»Gerd Winner hat's durchgestanden. Von morgens bis abends hat er die Elf-Millionen-Stadt durchstreift, immer im stillen Kampf mit einer japanischen Führerin, die ihn für alte Paläste, buddhistische Gärten und malerische Winkel begeistern wollte, die angeblich aussahen ›wie in Paris‹. Der Spaziergänger war ›erschlagen und strapaziert‹ von den ungeheuren Menschenmassen, die sich bei jeder Grünphase zu Tausenden über die großen Straßenkreuzungen wälzen, von den Verkehrswegen in vier, fünf Stockwerken übereinander, von der ›permanent optischen Herausforderung‹. (…)

Er, der Einzelgänger, nahm an sich eine ›nie gekannte Geborgenheit‹ inmitten all der Menschenmengen wahr. Er konnte den Japanern ›eine Art von Utopie der Angstbewältigung‹ bescheinigen: So diszipliniert und angenehm unaggressiv bewegten sie sich im alltäglichen Chaos, so sehr achteten sie auch im dichtesten Gedränge die Individualität des anderen.

Zum äußeren Zeichen der Ruhe im quirligen Bienenstock wurden für Winner die Hieroglyphen auf dem Pflaster, die das Miteinander regulieren und ermöglichen (…).«[39]

Somit registrierte Winner als eigentliche Quintessenz des Selbstversuchs eine ganz andere Utopie als die erwartete.

Er hält diese japanischen ›Roadmarks‹ in einem Siebdruck-Zyklus auf großen Leinwänden fest, und sie werden zum Ausgangspunkt immer neuer Variationen von Wegekreuzen und Leitlinien, die ihres Zeichencharakters wegen bald auch die Übertragung in eine sakrale, metaphysische Dimension erfahren.

Tokyo Projekt, 1980/81, 400 x 450 cm, Mischtechnik auf Leinwand

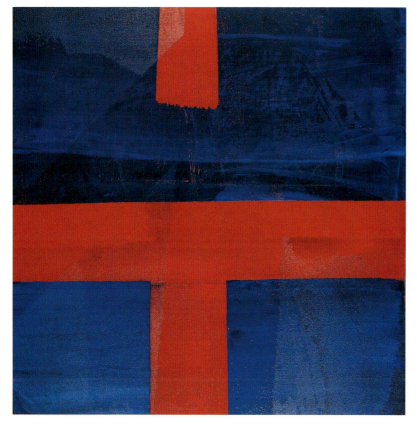

oben:
Roadmarks, 1983/84, 360 x 360 cm, Ausschnitt (Darmstädter Wand), Mischtechnik auf Leinwand
unten:
Wegkreuz, 1997, 104 x 104 cm, Acryl auf Leinwand

Wie sehr ihn ›Roadmarks‹ faszinieren, wurde uns 1997 beim gemeinsamen Aufenthalt in Berlin bewußt. Wir fuhren in einem VW-Bus mit einem Kamerateam stundenlang kreuz und quer durch Berlin, und Winner ließ den Kameramann kilometerweise aus dem fahrenden Auto heraus solche Leitlinien auf der Straße aufnehmen. Die Markierungen und Einparkhilfen auf Flughäfen gar bringen seine Augen wirklich zum Leuchten.

Für Winner sind derlei Markierungen, die der Normalbürger kaum anders denn als lästigen Zwang wahrnimmt, Teil der Auseinandersetzung des Menschen mit Stadträumen, sie sind selbst »urbane Strukturen«. Ihre stumme Dramatik hat es ihm angetan. Man kann sich diesen Zeichen ja widersetzen. Aber was für Konsequenzen zieht das jeweils nach sich? Aus dem städtischen Kontext isoliert, geraten sie schnell zu Meditationsbildern, die Wegekreuze mutieren zu Kreuzwegen.

Ästhetisch besonders eindrucksvoll sind eine Reihe profaner ›Roadmarks‹ und Wegekreuz-Bilder wie *Canal-Road-Marks* (1983), *Kreuzspur I* (1984), *Roadmarks-Labyrinth* (1988), die über das gesamte Jahrzehnt hinweg davon künden, wie fruchtbar und intensiv die Tokioter Erfahrungen sich auf das Schaffen des Künstlers ausgewirkt haben. Winners langjährige Freundschaft mit den Patres des Dominikanerklosters St. Albertus Magnus in Braunschweig führt 1982 erstmals dazu, die profane Motivik der Wegekreuze in einen sakralen Raum zu überführen. Auf Initiative von Pater Silvester Beckers erwirbt das Kloster das 14teilige Wandbild *Wegkreuze-Kreuzwege*, und nach der Neubesetzung des Kloster-Konvents mit fünf jüngeren Patres im Jahre 1987 entspinnt sich ein lebhafter Gedankenaustausch zwischen Winner, den Patres und ihrer Kirchengemeinde, der schließlich dazu führte, daß Winner eine Reihe weiterer Aufgaben bei der künstlerischen Neugestaltung des aus den 50er Jahren stammenden Kirchenbaus übertragen wurden. Auf einen Außenstehenden, der zudem mit dem Gedankengut der Dominikaner nur wenig vertraut ist, wirkt das, was aus der Zusammenarbeit zwischen Konvent und Künstler entstanden ist, außerordentlich sympathisch und vertrauenerweckend: ein Ort moderner Intellektualität und Humanität, vor allem aber ein Ort kraftvollen, unsentimentalen, tief empfundenen Glaubens.

In den Jahren 1986/87 fügt Winner dem Wandbild *Wegkreuze-Kreuzwege* das Altarbild *Kreuztrilogie Rosenkranz* hinzu:

»Bei diesen Arbeiten vollzieht sich der Prozeß der doppelten Transformation des Zeichens zum Bild und des Bildes zum Zeichen in den Bereich christlich-religiöser Sinndeutung hinein. Das Bild *Wegkreuze-Kreuzwege* ist ein Passionsbild von 14 Bildtafeln, das jenseits illustrativer Lesbarkeit für jede Tafel einzeln und auch als Gesamtheit die Passion, das Leiden und Sterben Jesu Christi und darin eingeschlossen das Leiden und Sterben jeder Kreatur zum Thema hat.«[40]

Optisch beherrscht wird der Kirchenraum von dem Altarbild *Kreuztrilogie Rosenkranz*, das drei formal und farblich in der Tradition christlicher Ikonographie unterschiedlich gestaltete Schauseiten besitzt – ›glorificatio‹, ›incarnatio‹ und ›passio‹ –, die je nach Periode des Kirchenjahres der Gemeinde zugewendet werden. Sie bilden

Canal-Roadmarks, 1983, 300 x 300 cm, Mischtechnik auf Leinwand

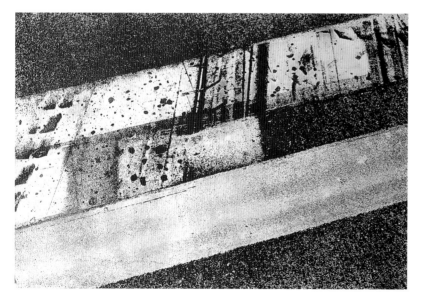

Roadmarks, Synagoge – Spuren – Zeichen, 1986–88, je 63 x 94 cm, Radierungen

eine Kurzformel des christlichen Glaubens und seiner Hoffnungen. Dieses Altarbild ist den ›Roadmarks‹ eng verwandt. Im Unterschied zu den erwähnten Profanbildern werden jedoch ausschließlich Spektralfarben benutzt – die des Sonnenlichts, das durch ein Prisma reflektiert wird: »Weiß, die Farbe des Lichtes und der Transzendenz, rot, orange, blau und lichtloses schwarz, z.T. gebrochen in Grautönen.«[41]

Winner wollte in heutiger Zeit nicht eine Symbolsprache tradierter Liturgie in die Kirche bringen, sondern versuchen, alltägliche Situationen des Menschen unserer Zeit in den Sakralraum zu integrieren, so wie es seinen Bildern von Stadtlandschaften entspricht. Aus diesen Stadtlandschaften bezieht er auch seine eigene, ins Religiöse überführte Ikonographie. Er wollte Bilder als Zeichen setzen, die unmittelbar mit der Realität jedes Bürgers zu tun haben. Es geht ihm also um Wechselbeziehungen zwischen Alltag und Transzendenz, zwischen emotionalen Empfindungen und ihrer symbolischen Überhöhung, kurz um gelebten Glauben. Als Lebensweg ist die Symbolik der Straße in einer mobilen Gesellschaft ohnehin jedermann eingängig.

1995 gestaltet Gerd Winner für die Dominikanerkirche einen Kreuzweg mit 14 quadratischen farbigen Stahlrelieffiguren. Dabei handelt es sich um abstrahierende, aber auf die traditionellen 14 Kreuzwegstationen bezogene Weiterentwicklungen der Roadmark-Motive. Neben dem Grau des Stahls – matt, poliert oder als Lochblech – werden die einzelnen Stationen von den Farben Weiß, Blau, Rot und Schwarz bestimmt. Der Kreuzweg läuft auf das Altarbild zu und findet in ihm, dem zentralen Zeichen der Auferstehung, seinen Abschluß. Kompromißlose formale Strenge vereinen sich mit ästhetischer Klarheit.

Gerd Winner hat auch Meßgewänder und Kelche für die Klosterkirche entworfen und zusammen mit seiner Frau, mit der er seit 1980 verschiedene Kirchenbauten künstlerisch überarbeitet hat, 1993 eine Marienkapelle geschaffen. 1998 wird eine Orgelempore folgen.

1997 sendete das ZDF eine Reihe von acht Gottesdiensten aus dieser Kirche. Hunderte von Zuschriften beschäftigten sich mit ihrer künstlerischen Gestaltung, die zu etwa 80 % überaus positiv kommentiert wurde. Sicher handelt es sich hier um einen Bereich, der schwierig zu beurteilen ist, weil lange und komplexe Traditionen im Spiel sind. In der Kirche St. Albertus Magnus überzeugt mich die Konsequenz ihrer Ausgestaltung, die Kraft der Durchführung, das Fehlen von jeglicher süßlicher Sentimentalität oder eines Devotionalienkitsches, der sich bei Menschen anbiedert, die keine Ausbildung ihres künstlerischen Geschmacks erfahren haben.

Von mindestens ebensolcher Qualität wie die Arbeiten im Braunschweiger Dominikanerkloster ist ein 21teiliges Edelstahlrelief mit der Kreuzwegthematik, das Gerd Winner geschaffen hat. Matt, gebürstet und poliert nehmen die einzelnen Elemente die Spezifik des Lichts ihrer Umgebung auf. Es zeichnet sich durch reduzierte skulpturale Qualitäten ebenso aus wie durch schlichte Eleganz und ästhetische Vollkommenheit und stellt einen Höhepunkt in Gerd Winners Beschäftigung mit urbanen, in sakralen Kontext transformierten Strukturen dar.

oben:
Roadmarks, 1986, 100 x 100 cm, Mischtechnik auf Leinwand
unten:
Roadmarks, 1985, 100 x 100 cm, Mischtechnik auf Leinwand

oben:
Roadmarks, 1986, 100 x 100 cm, Mischtechnik auf Leinwand
unten:
Roadmarks, 1985, 100 x 100 cm, Mischtechnik auf Leinwand

Roadmarks-Polaroids, Airport, 1983

Roadmarks, Wegekreuze und Kreuzwege

Räderwerk, 1984, 4 x 20 m, Wandbild (Ausschnitt),
VW-Forschungszentrum, Wolfsburg

BAUBEZOGENE KUNST

»Alle meine Bilder sind gebaute Bilder.«

Für jemanden, der dem Thema Architektur so verfallen ist wie Gerd Winner, konnte es gar nicht ausbleiben, daß er sich früher oder später auch direkt mit Architektur auseinandersetzt, in Bauvorhaben und -prozesse involviert wird. Schon im Berliner Akademiestudium hatte er gelernt, seine Bilder tektonisch zu gestalten. Als er sich ab 1974 eigenhändig an die Renovierung der Liebenburg machte, wuchs sein Verständnis für die praktischen Probleme des Bauens. Aus jener Zeit ist der Satz überliefert: »Wenn man nicht baut, dann ist man doch eigentlich kein Mensch.«[42]

Zudem hatte die Zusammenarbeit mit Chris Prater schon früh die Werkstattidee in ihm reifen lassen. Und so eine Werkstatt, da führt kein Weg daran vorbei, ist ein Kunst-Handwerksbetrieb. So der Künstler nicht alle Arbeiten im Kleinstbetrieb eigenhändig ausführt, wird er zwangsläufig zum Kunst-Unternehmer. Jeder Betrieb verursacht laufende Kosten und ruft schon von daher nach Auslastung. Früher hätte man gesagt, »der Schornstein muß rauchen«. Aber seit rauchende Schornsteine nicht mehr opportun sind, verbietet sich dieser Ausdruck, und es wird höchstens noch der Hinweis auf eine Kosten-Nutzen-Äquivalenz gestattet.

Die Werkstatt aber ist für Winners Arbeitsstil unerläßlich. Betrachtet man seine Biographie, so fällt einem ein merkwürdiger Bruch auf, der sich aber klärt, sobald man eben dieser Zusammenhänge gewahr wird. Bis Mitte der 70er Jahre heimst Winner Kunstpreis um Kunstpreis ein, stellt in von Mal zu Mal berühmteren Museen und Galerien aus, und danach ebbt diese Tendenz merklich ab. Die Bedeutung seiner Ausstellungstätigkeit läßt nach. Das hängt damit zusammen, daß er anstelle von Kunstpreisen nun immer häufiger baubezogene Wettbewerbe gewinnt. Die baubezogenen Arbeiten belegen einen stetig wachsenden Anteil seiner Kreativität mit Beschlag. Die Aufträge werden im Verlauf umfangreicher, schwieriger, gewichtiger und nehmen seine Konzentrationsfähigkeit und Schaffenskraft bis an die Grenzen physischer und psychischer Belastbarkeit in Anspruch. Andererseits vermag nur die eigene, mit zunehmend hochwertigerer Technik ausgestattete Werkstatt den wachsenden Ansprüchen gerecht zu werden. Für große Ausstellungen klassischen Stils aber bleibt einfach nicht mehr genügend Zeit und Kraft, weil, im Gegensatz zu vielen anderen Künstlern, in einer Zeit konjunktureller Einbrüche im Baugewerbe, Gerd Winner sich vor neuen Aufträgen baubezogener Art kaum retten kann, die dann aber jeweils auch seine künstlerische Kompetenz voll fordern.

Traditionell rührt die Hochschätzung von Epochen wie klassischer Antike, Renaissance oder Barock in den Augen von Künstlern, Kritikern, Architekten und breiterem Publikum vor allem aus einer in jenen Epochen gelungenen Integration von Architektur und Kunst her. Beide gehören zusammen wie die zwei Seiten einer Medaille. Erst mit zunehmender Spezialisierung beginnt sich dies zu ändern.

Was nun Gerd Winner angeht, so mag seine Kunst zwar vielleicht keinen Massengeschmack treffen, aber sie gefällt ästhetisch vielen und erschließt sich auch ohne hochspezialisierte Detailkenntnisse. Von daher trifft sie ziemlich genau das, was von jeher baubezogene Kunst ausgemacht hat. Merkwürdige Brüche sind ja hier erst im 20. Jahrhundert, zu Beginn der Moderne, aufgetreten. Der Architekt Walter Henn hat sie recht präzise auf den Punkt gebracht:

»In der langen Geschichte der Baukunst war es zu allen Epochen selbstverständlich, daß Baumeister, Steinmetz und Maler zusammenwirkten. Am sinnfälligsten hat uns das Barock dieses Zusammenspiel vorgeführt. Aber auch im Klassizismus haben Schinkel und seine Zeitgenossen auf ihre Art und Weise diese Synthese in vollendeter Form verwirklicht. Und noch zu Beginn unseres Jahrhunderts wird das Palais Stoclet in Brüssel von dem Architekten Josef Hoffmann entworfen und von Gustav Klimt und anderen Künstlern ausgestaltet. Wir stehen voller Bewunderung vor diesen Bauwerken. Aber mit dem Ersten Weltkrieg brechen nicht nur politische und gesellschaftliche Strukturen zusammen, auch die Mitwirkung des Künstlers am Bau wird aufgekündigt.«[43]

›Kunst am Bau‹ ist seither zu einem ungeliebten Appendix des Baubetriebes geworden, zu einem meist nicht oder ungenügend integrierten Anhängsel, das aus dem schlechten Gewissen öffentlicher und privater Bauherren resultiert, die sich noch dunkel daran erinnern, daß es in früheren Epochen einmal anders war. Zur Beschwichtigung dieses Gewissenskonfliktes werden dann 1,5–2% der Bausummen von öffentlichen Bauten der Kunst gewidmet und im Bedarfsfall, nämlich dann, wenn die Architekten wieder einmal den angesetzten Kostenrahmen überzogen haben, den allgemeinen Kosten geopfert oder in eine dekorative Außentreppe gesteckt. Seit, von Amerika kommend, ein neuer Berufsstand, nämlich der ›Consultant‹, auch hierzulande in der Architektur Fuß faßt, wird es besonders schlimm. Denn der bezieht seine Daseinsberechtigung allein aus der Kosteneinsparung. Wenn er dem Bauherren vorrechnen kann, daß an einem Projekt 1 Million einzusparen ist, bezieht er prozentual von dieser Summe sein Honorar. Und wo läßt sich schneller einsparen als an ästhetischem Schnickschnack, genannt Kunst. Was entsteht, ist eine rein funktionale Architektur, die unsere Stadtbilder veröden läßt. Zum Glück verhält es sich nicht immer so. Aber es ist dieses schwierige Terrain, auf dem sich Gerd Winner seit Einrichtung seiner Werkstatt in Liebenburg im Jahre 1974 mit beachtlichem Erfolg und ständig komplexer werdenden Aufgabenstellungen bewegt.

Ob einer in seiner Kunst ›up to date‹ ist und weiß, was ›state of the art‹ ist, entscheidet sich an seiner Beherrschung der Techniken, der Materialien, der thematisch gestalterischen Durchdringung seiner Werke und seiner Innovationsfähigkeit. Gemessen an diesen Kriterien ist Gerd Winner geradezu auch in seiner baubezogenen Kunst ein Vertreter modernster Prinzipien. Er hat nicht nur sein Metier des Siebdrucks auf Papier und Leinwand zu malerischer Perfektion entwickelt, sondern diese Technik auch auf Email, Lochblech, Aluminium und Edelstahl übertragen und zudem auf Flächenmaße, die vor ihm noch niemand anzugehen wagte. So mißt die Räderwand im

VW-Forschungszentrum 80 m², die Wand im Berliner Kraftwerk Moabit der BEWAG sogar 475 m².

Winners Entschluß, sich auf Architektur nicht nur im Erscheinungsbild der Städte einzulassen, sondern in den direkten Dialog mit Architektur einzutreten, wurde durch Architekten wie Bernd Riede, Rolf Gutbrod und Walter Henn angeregt. Dabei sucht Winner nach eigenen Angaben stets den Dialog mit Menschen, die in den von ihm zu gestaltenden Räumen zu arbeiten haben, wie auch den mit den baulichen Gegebenheiten selbst. Für das neue Forschungszentrum von Volkswagen in Wolfsburg erhielt er 1983 den Auftrag, in einer großen Halle, die als Foyer für den Vortragssaal und auch als Ausstellungsraum dient, eine 4 x 20 m große Wand zu gestalten. Bei dem Gebäude handelt es sich um einen Zweckbau Walter Henns mit gewissem spröden Charme, der noch nichts von jener postmodernen High-Tech-Prächtigkeit ahnen läßt, mit der andere Automobilkonzerne wie z. B. BMW oder Chrysler wenige Jahre später ihre Forschungszentren ausstaffierten. Von Nachteil ist die im Verhältnis zur Fläche niedrige Deckenhöhe des Foyers, für das Winner eine Geschichte des Rades ersann. Darüber, daß das Rad ein angemessenes Thema für eine Automobilfirma ist, kann es keine Diskussion geben. Wie dieses Thema jedoch umzusetzen sei, darin liegt das Spannende der Aufgabe.

Das Rad gehört sprichwörtlich zu den größten Erfindungen der Menschheit, die Gesellschaft und Kultur nachhaltig verändert haben und weiter verändern: Mobilität, Entfernung, Transport, Zeitbegriff, Dynamik, Geschwindigkeit sind einige der damit zusammenhängenden Begriffe. Winner löst die Aufgabe, indem er Entwicklungsschritte in Zitaten, Collagen und Überblendungen sichtbar macht. Das Ganze muß künstlerisch wirken, nicht aber als Lehrbuchdemonstration oder Schulfilm. Zu diesem Zweck beschleunigt Winner den historischen Ablauf, setzt nur einige markante Entwicklungsschritte exemplarisch ins Bild, faßt die Entwicklung von Jahrtausenden in wenigen optischen Aufreißern wie Holzscheiben- und Speichenrad, um dann, umgekehrt zum realen Ablauf, als die historische Entwicklung rasant ihren Lauf nimmt, diesen Lauf in Einzelschritte zu zerdehnen und auszudifferenzieren. Damit wird gleichzeitig der sich steigernde Komplexitätsgrad von Gesellschaft sichtbar. Die folgende kurze Aufzählung nennt die Einzelsituationen aus der Geschichte des Rades, die Winner visualisiert:[44]

1. Holzscheibenrad
2. Speichenrad
3. gefedertes Speichenrad
4. Radialansicht eines schrägverzahnten Zahnrades
5. kraftbetriebenes Metallspeichenrad
6. Radialansicht eines geradverzahnten Zahnrades
7. Stirnansicht eines schweren gußeisernen Laufrades
8. Radialansicht von zwei ineinandergreifenden schrägverzahnten Zahnrädern
9. Kraftmaschine mit großem Schwungrad
10. zwei ineinandergreifende pfeilverzahnte Zahnräder
11. Speichenrad mit Luftbereifung
12. Radialansicht von zwei ineinandergreifenden schrägverzahnten Zahnrädern
13. Nabe und Speichenrad ohne Bereifung
14. Käferrad in der ursprünglichen Form mit geschlossenem Scheibenrad und Weißwandbereifung
15. Segment eines Kugellagers
16. Radialansicht eines schrägverzahnten Zahnrades
17. Radialspanndorn für Blechcollis, wie sie in der Automobilproduktion eingesetzt werden
18. Schnittdarstellung eines Luftspiralverdichters
19. Turbinenrad für Gasturbine
20. Radialansicht zweier ineinandergreifender pfeilverzahnter Zahnräder
21. Radialkompressorenrad
22. Wandlerturbinenrad in einem Automatikgetriebe eines PKWs

Es dreht sich ja hierbei weniger um Fragen des Designs, als vielmehr um solche der funktionalen Varianten des Aufgabenbereichs verschiedenster Räder, um Sichtbarmachung des kreativen Potentials von Technikern und Techniken, um die optische und funktionale Gestaltung unterschiedlichster Materialien unter dem Diktat eines Prinzips, eben dem des Rades.

Der Ort dieses Wandbildes ist ein Forschungszentrum. Also muß in allgemeinverständlicher, aber auch dem Spezialisten nicht zu banaler Form evident gemacht werden, worum es an einem solchen Ort geht: um Erfindungsgeist und die Faszination von Technik, um ihre wirtschaftliche Weiterentwicklung und Verwertbarkeit, um die Freisetzung und Bändigung von Energien und Produktivkräften, um die symbolische Darstellung der Vielfalt von Forschungsaufgaben, die sich in einem solchen Zentrum stellen. Das Bild muß aber auch die ästhetische Zustimmung eines Publikums finden, welches nicht überwiegend aus geisteswissenschaftlich geprägten Museumsbesuchern, sondern aus Technikern, Ingenieuren und Kaufleuten besteht.

Aber Winner wäre nicht Winner, hätte er nicht auch eine kritisch-reflektorische Ebene eingebaut, die auf die Ambivalenz allen technischen ›Fortschritts‹ hinweist. Lothar Romain hat sie benannt:

»Der Futurismus hat in solchen ›Rad‹-Bildern die Dynamik menschlichen Handelns beschworen. Aber unsere Erlebnisse sind nicht eindeutig, sind von widersprüchlichen geschichtlichen Erfahrungen geprägt. Das Rad symbolisiert nicht nur den unaufhaltsamen Aufstieg des Menschen, sondern auch das Räderwerk der Geschichte, darin er verkommen könnte (…). Winner erliegt nicht dem Traum von einer alles durchwirkenden, alles gestaltenden Funktionalität. Er baut, wiewohl das gesamte Wandbild mehr funktional, denn konstruktiv orientiert ist, Sperren ein, stellt Elemente frei, damit sie Selbständigkeit behaupten innerhalb der gesamten Organisation, schneidet Stirnansichten durch Radialsichten ab, damit nicht in wohlgefälliger, aber trügerischer Har-

Kraftwerk Berlin, 1988, 100 x 70 cm, Mischtechnik auf Bütten

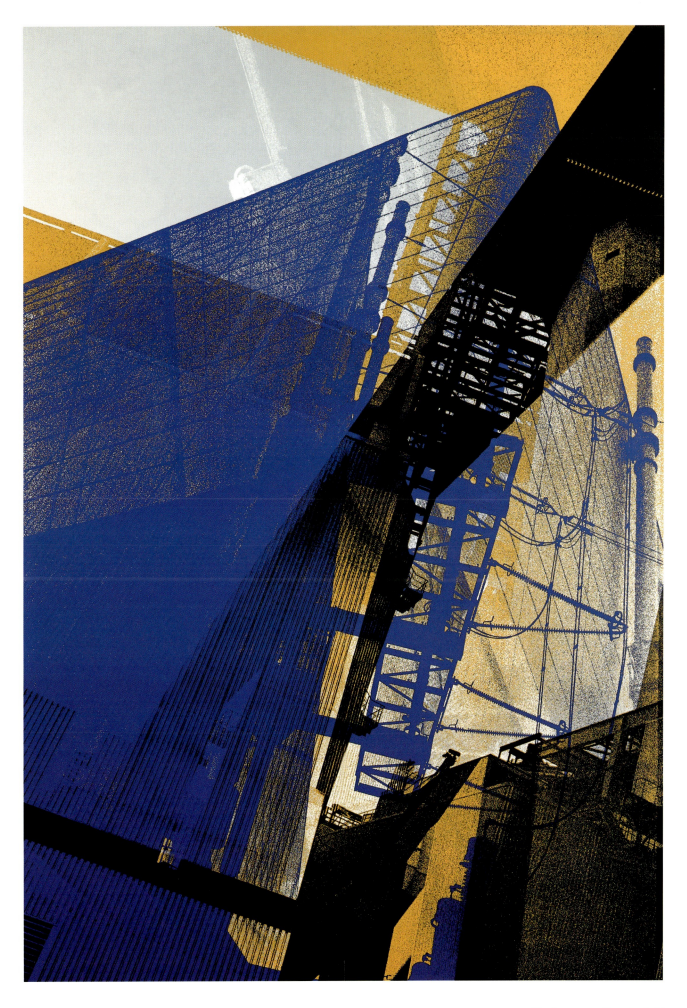

monie erscheine, was in Wirklichkeit ein Prozeß sehr widerstrebender Kräfte ist.«[45]

Damit wird er der Aufgabe der Kunst gerecht, nicht nur Dekoration zur Augenlust und Unterhaltung, zum ästhetischen Schmuck und zur Überhöhung des Ortes zu liefern, sondern auch geistige Auseinandersetzung. Ob diese Reflexionsebenen allerdings dem Publikum eines solchen Ortes sinnfällig werden, erscheint mir fraglich. Was ihm sicher bewußt wird und was es aus eigener Lebenserfahrung fortschreiben kann, ist die Tatsache, daß es sich hier trotz des Prinzips einer geschlossenen Form von eminenter Symbolkraft, des Kreises, um eine offene, evolutionäre Entwicklungsreihe handelt. Dies hat schon heute erneut vielfältige weitere Variationen ausgetrieben, die Gerd Winner zu jenem Zeitpunkt noch gar nicht kennen konnte, womit sein Bild selbst zum historischen Dokument wird.

Eine solche Arbeit wie *Räderwerk* für einen Konzern wie VW stellt natürlich als Empfehlung ein Pfund dar, mit dem sich wuchern läßt. Und so erhält Gerd Winner in den Folgejahren zahlreiche Aufträge für baubezogene Arbeiten von Industriefirmen, Banken, Versicherungen, aber auch im öffentlichen Raum wie dem U-Bahnhof Piusstraße in Köln.

Bei der nächsten großen Arbeit, die hier vorgestellt werden soll, handelt es sich um die bildnerische Gestaltung der Rückwand der ehemaligen Maschinenhalle im Heizkraftwerk Moabit der Berliner Kraft- und Licht (BEWAG)-Aktiengesellschaft.

Kraftwerke müssen alle zwei bis drei Jahrzehnte grundlegend erneuert werden, weil dann die Technologien sich derart intensiv verändert haben, daß der Weiterbetrieb alter Strukturen nicht mehr rentabel wäre. So verhielt es sich auch hier. Der denkmalgeschützte ursprüngliche Kraftwerksbau der ›Centrale Moabit‹ des Architekten Franz Heinrich Schwechten am Südufer des Spandauer Schiffahrtskanals wurde 1899 als Drehstrom-Kraftwerk begonnen. Im reinsten Historismus errichtet, war er stets eines der bedeutendsten Denkmäler deutscher Industriekultur um die Jahrhundertwende. Über die Jahrzehnte hinweg wurde er immer wieder technischen Veränderungen und Erfordernissen angepaßt. Besonderheit dieses Bauwerks war eine riesige Maschinenhalle von 117 m Länge und 26,5 m Breite. Das gesamte 20. Jahrhundert hindurch verstand die BEWAG dieses Werk als Erprobungsfeld der jeweils neuesten Technologien. Im Zuge der Umstellung Westberlins auf umweltschonende Energieversorgung begann man in den frühen 80er Jahren, über einen Neubau der technischen Anlagen dieses Kraftwerks nachzudenken. Als dann 1986 für 500 Millionen DM mit dem Bau eines neuen Heizblocks mit besonders umweltschonender atmosphärischer, zirkulierender Wirbelschichtfeuerung (ZWS) und einer Leistung von 100 MW begonnen wurde, konnte diese Planung die Erfordernisse nach einer Wiedervereinigung Berlins natürlich noch nicht berücksichtigen, da zu diesem Zeitpunkt eine derartige politische Veränderung außerhalb jedes realpolitischen Denkes lag. Zentraler Punkt des Neubauvorhabens war der Abriß der denkmalgeschützten Maschinenhalle. Die Zustimmung hierzu war vom Landeskonservator davon abhängig gemacht worden, daß die Fassade in ihrer ursprünglichen Form wiederhergestellt werden und soviel wie möglich von der Maschinenhalle erhalten bleiben sollte.

Diese Forderungen konnten erfüllt werden. Durch die auf den Erhalt eines Teils der alten Bausubstanz abgestimmte Planung war es möglich, die Maschinenhalle in ihrer Fassade, ihrer Breite und einer Tiefe von 10 Metern zu bewahren. Daran schließt sich als gewaltiger weißer Monolith der neue Kraftwerksblock an. Nun aber kommt Gerd Winner ins Spiel, für den sich hier eine erneute Zusammenarbeit mit Walter Henn und seinem Architektenteam ergab.

Die barockisierende Backsteinfassade der alten Halle zusammen mit 10 Meter Raumtiefe, welche die ursprüngliche Hallenkonstruktionen noch erkennen lassen, mit der Wiederherstellung des großen Glasfensters, dem fahrbaren Kran, dem Anfangsstück der mächtigen Schaltbühne und den rekonstruierten weißen Wandflächen mit ihren lichtblauen Blenden ergeben einen lebhaften Eindruck von der Kraft der Schwechten-Architektur.

Das verbliebene Hallenfragment sollte quasi als kleines Industriemuseum einen Einblick in die Hochtechnologie von gestern geben, indem man eine Turbine und einen Generator in ihrer alten Umgebung beließ, um so den Wandel der Technik deutlich zu machen. Gerd Winner beabsichtigte ursprünglich, außer der Farbgestaltung von Halle und Gerät eine Serie großer Leinwände zu Themen von Kraftwerkstechnologie und Stromerzeugung, eine ›Collage von Strukturen der Elektrizität‹ beizusteuern. Es entstanden auch 37 eindrucksvolle Siebdrucke, die nie in einer Ausstellung der Öffentlichkeit zugänglich gemacht wurden und die heute in Schulungs- und Repräsentationsräumen des alten Kraftwerksteiles hängen. Die Umsetzung dieses Zyklus auf die Hallenrückwand erwies sich als unmöglich. Winner fand statt dessen zu einer völlig anderen Konzeption, die eines seiner wichtigsten Werke geworden ist, dessen Realisation ihn aber auch physisch und psychisch an die Grenzen seiner Belastbarkeit und an den Rand des Zusammenbruchs führte:

»Wer von außen durch die großen Fenster in die alte Maschinenhalle des Kraftwerkes Moabit schaut, wird sich zunächst verwundert die Augen reiben. Man sieht in einen hohen Raum und auf eine ausgediente Turbine, die hier als Ausstellungsobjekt aufgestellt worden ist. Die Irritation des ersten Augenblicks ist durch die Rückseite dieses tatsächlich nur noch wenig tiefen Raumes ausgelöst; denn durch das über die ganze Höhe und Breite der Wand gehende Bild von Gerd Winner wird die ehemals große, jetzt reduzierte Kraftwerkshalle optisch weitergeführt.«[46]

Dieses 475 m² große Bild aus 428 im Liebenburger Atelier in Acryltechnik beschichteten Aluminiumtafeln im Format 1 x 2 m, in denen Winner mit dem Pinsel noch wesentliche Details malerisch bearbeitet hat, ist wahrhaft multidimensional. Die erwähnten Arbeiten zu Waterloo Station und zum Frankfurter Hauptbahnhof erscheinen als Fingerübungen und Vorstudien zu diesem Hauptwerk, das aber auch auf die Techniken und Erfahrungen seiner Londoner Dockland-Serien wie auf die frühen New York-Bilder zurückgreift.

Winner hat die alte Halle vor ihrem Teilabriß photographiert und ihren rückwärtigen Teil als monumentales, 17,60 m hohes und 27 m

Kraftwerkshalle Moabit, Innenansicht

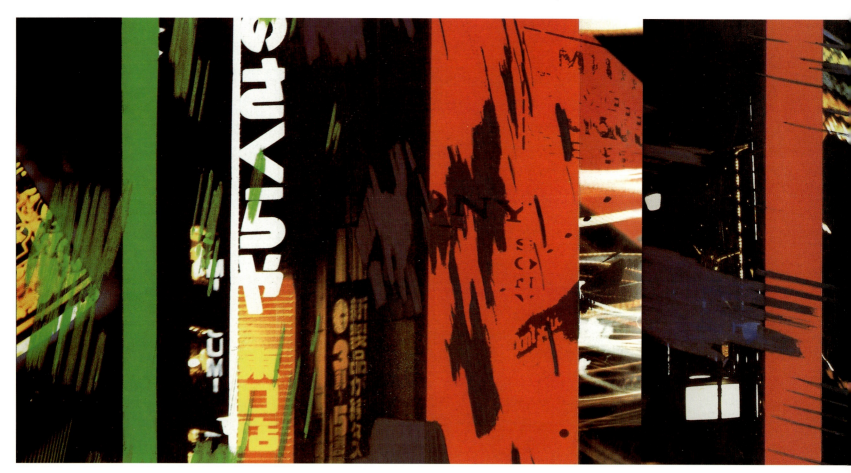

City-Light-Motion, 1989, 2,25 x 196 m, Wandrelief (Ausschnitte),
U-Bahnhof Piusstraße, Köln

Baubezogene Kunst 151

Schalterhalle der Kreissparkasse Goslar in Salzgitter-Bad mit Jahreszeitenbildern von Gerd Winner

rechte Seite:
Jahreszeitenbilder in der Schalterhalle der Kreissparkasse Goslar in Salzgitter-Bad, 1991

breites Wandbild neu erstehen lassen. Nur auf den ersten Blick meint man es mit einem photographischen Abbild zu tun zu haben. Sehr schnell wird man gewahr, daß es sich um ein ganz spezifisches Bild handelt. Ein Bild nämlich, in dem in einer schier übermenschlichen Kraftanstrengung eine vielschichtige Auseinandersetzung mit dem Realismusproblem geleistet wird. Es ging für Winner darum, ein Bild Teil eines realen Raumes werden zu lassen, eine Bildwirklichkeit in einen real erfahrbaren Raum hineinzuführen. Gleichzeitig mußte historische Realität einer vergangenen Industriearchitektur und Arbeitssituation mit aktueller Realität kompatibel gemacht werden, und zwar so, daß sich nicht eine bildnerische Applikation ergab, sondern die vollständige Durchdringung mit den vorhandenen Strukturen. Die Bildwirkung entsteht in der Rückkopplung von imaginärer mit realer Architektur und theatralisch-musealer Situation. Philosophisch heißt das, daß es Winner mit bildnerischen Mitteln der Verschmelzung von Photographie, Malerei und Siebdruck gelingt, was von der Medien- und Kommunikationskultur erwartet wird, nämlich eine Neudefinition des Realitätsbegriffes. Was sich bis vor einigen Jahren noch fein säuberlich trennen ließ, nämlich Realität und Fiktion, Wirklichkeit und Imagination, läuft inzwischen immer ununterscheidbarer ineinander. Die Fiktion wird zum Bestandteil der Wirklichkeit, wirkt selbst realitätsbildend, stiftet neue Realitäten. Oder, anders herum gesprochen, wir müssen uns daran gewöhnen, daß virtuelle Realitäten keine Hirngespinste, sondern Realitäten sind, müssen also unseren Realitätsbegriff vielschichtiger machen, auf unterschiedlichen Ebenen ansiedeln. Doch leichter gesagt als getan, und vom sicheren Port aus läßt sich's bekanntlich gut raten. Die Schwierigkeiten, solches mit konventionellen bildnerischen Mitteln zu erreichen, sind gewaltig, und die Anstrengungen zittern bei Winner noch nach Jahren nach: »Ich bin an dieser Arbeit nahezu zerbrochen. Es war ein Akt ständiger Selbstüberforderung.«

Mitleidlos schmunzelnd konstatiert der Interpret, daß dies nun mal der Preis sei, den man zahlen müsse, wenn man Außerordentliches erreichen wolle, und letztlich ein Zeugnis dafür, daß Winner sich in den späten 80er Jahren auf einem Gipfelpunkt seiner Schaffenskraft befunden habe. Denn um die gleiche Zeit entstanden auch noch weitere Hauptwerke wie die U-Bahn-Station Piusstraße und die Ausgestaltung der Sparkasse Salzgitter-Bad.

Doch zurück zur BEWAG. Mit dem Gesagten ist die Bedeutung dieses Werkes noch keinesfalls erschöpft. Winner schafft es mit jener für ihn spezifischen Umkehrtechnik, mit den Mitteln der Fiktion den Eindruck besonderer Realitätsnähe zu erreichen. Er schafft es, gleichzeitig dokumentarisch zu wirken, den ›genius loci‹ zu beschwören, die Konturen einer untergegangenen Arbeitswelt derart in ihren ästhetischen Strukturen sichtbar zu machen, daß sich für uns zu Schönheit und Industrieromantik verklärt, was seinerzeit als harte Arbeitswirklichkeit sicher nicht schön gewesen sein kann. Er schafft es mit dem Ineinanderstülpen von Innenraum und Außenraum, das Außen als Bestandteil der Innenwelt und – umgekehrt – das Innen als Außenwelt wirken zu lassen. Ästhetik und Dokumentation gehen eine perfekte Symbiose ein.

Baubezogene Kunst 153

Rotunde des Forums mit ›Lichtkreis‹ und Roadmark-Strukturen
von Gerd Winner, 1997, Union Krankenversicherungs AG, Saarbrücken

Natürlich gibt es dafür, wie für nahezu alles in unserer Kultur, Vorbilder und Vorläufer. Sie liegen im Theater. Hier schließt sich auch erneut der Winnersche Lebens- und Erfahrungskreis. Er ist eben auch durch und durch ein Theatermann, der früh gelernt hat, das Theater als eigenständige Realitätsebene zu akzeptieren, zu deren Selbstverständnis ja von jeher die Durchmischung dessen gehört, was andere als Realität und Fiktion unterscheiden. Und außerdem ist da die Tradition der Bibienas, des barocken Bühnenbildes und der barocken Theaterarchitektur. Was Winner leistet, ist deren Fortführung und Weiterentwicklung in die Gegenwart. Er läßt ihren Illusionismus mit Mitteln von heute zum selbstverständlichen Bestandteil einer neuen gebauten Realität werden. Zugleich aber läßt er deren Charakter als Kunstwerk aufscheinen, erfüllt Bühnenbild-Funktionen in einem Museum und damit auch die klassische Forderung der Durchdringung von Architektur und Kunst.

Die Arbeiten für die BEWAG-Halle waren noch in vollem Gange, als Winner den Auftrag für die künstlerische Ausgestaltung der Kundenhalle in der Hauptgeschäftsstelle der Kreissparkasse Goslar in Salzgitter-Bad erhielt. Banken haben ja nicht nur in Deutschland die Mäzenatenrolle ehemaliger Landesfürsten gegenüber der Kunst übernommen, was auch ganz konsequent und logisch ihrem Einfluß und ihrer Macht in kapitalistischen Gesellschaften entspricht. Dementsprechend wird immer wieder gerade bei Neubauten von Banken Wert auf künstlerische Akzente gelegt, die über das bloße Accessoire hinausgehen. Selten jedoch trifft man auf derart leidenschaftliche Kunstanhänger wie Günter Distelrath, den Direktor der Sparkasse Salzgitter-Bad. Er hat dafür gesorgt, daß seine Geschäftsstellen weit über das übliche Maß hinaus durch ein künstlerisches Ambiente bestimmt werden, das diesen Bauten in Salzgitter-Bad, Ringelheim und Vienenburg eine unverwechselbare architektonisch-künstlerische Note verleiht. Und in Gerd Winner haben er und seine Architekten den sachkundigen und kreativen Gegenpart gefunden, der ihre Wünsche innerhalb eigener Vorstellungs- und Gestaltungswelten umzusetzen verstand und versteht.

Winner hat für die große Kundenhalle der 1991 fertiggestellten Hauptgeschäftsstelle in Salzgitter-Bad einen Zyklus von 16 großformatigen Jahreszeitenbildern geschaffen, der eine impressionistisch-abstrahierende Weiterentwicklung seiner Arbeiten für den Kölner U-Bahnhof Piusstraße darstellt.

Ernst August Quensen hatte 1989/90 in je 40 Exemplaren eine Serie von acht ›City-Light-Motion‹-Serigraphien aufgelegt, die das Erlebnis des fahrenden Zuges in der Stadtlandschaft in abstrakte, leuchtend farbige Lichtskulpturen dynamisieren.[47] Sie bilden quasi den Ausgangspunkt für Winners je doppelt so große, im Siebdruck bedruckte Aluminiumplatten in Salzgitter-Bad. Die reichlich durchgrünte Schalterhalle der Sparkasse wird von einem pyramidenförmigen Oberlicht dominiert, das unter jeder Wetterbedingung viel Tageslicht in die Halle lenkt. Ihr Erscheinungsbild wird ansonsten von Winners sinnlich-farbintensiven Bildern bestimmt, die praktisch das gesamte Hallengeviert großflächig einrahmen. Starke, frische, für den Sommer satte, für den Winter kühle Farben fügen sich zu einer jazzig rhythmisierten Symphonie der sorgfältig komponierten Bildimpressionen, die dem Besucher auch an grauen Tagen Adrenalinschübe verpassen, welche sich unter- und oberschwellig positiv auf den Geschäftsgang auswirken. Das mutet an, als seien Vivaldis ›Vier Jahreszeiten‹ durch die Schule von Gershwins ›Summertime‹, in der Version von Sidney Bechet, von Blues und Be-Bop gegangen.

Da gibt es keinerlei Querverbindungen zur Realismusdebatte in der Berliner BEWAG und auch nicht zu den ›Roadmarks‹, die um die gleiche Zeit ebenfalls Winners gestalterische Phantasie beschäftigen. Gedanken an Leidensweg und Tod, an die Suche nach dem rechten Weg, an den verbissenen Kampf mit Geschichte, Arbeitswelt und Realismus scheinen weit weg. Hier erleben wir einen tänzerisch-musikalisierten, vor Lebenslust sprühenden Winner. Das stellt die Breite seiner Palette unter Beweis, aber auch die Disziplin und Professionalität, mit denen er verschiedensten Auftraggebern gerecht wird, ohne dabei je eigene Ausdruckswelten zu verlassen.

Die ›Roadmarks‹ fügen sich dennoch in den 90er Jahren zu einer ganzen Werkgruppe. Sie eignen sich infolge ihrer variantenreich besetzbaren Symbolik besonders gut für die Verwendung in baubezogener Kunst. Innerhalb dieser Gruppe hängen drei Arbeiten eng zusammen, während eine vierte den engeren Kontext der Straßenleitlinien verläßt und den Themenkreis ausweitet. Bei den drei Arbeiten handelt es sich um das 12teilige Edelstahlrelief in der Filiale der Kreissparkasse in Ringelheim (1994), um das 20teilige Edelstahlrelief im Foyer der Duisburger Franz-Haniel-Akademie (1994) und um den 14teiligen Kreuzweg (1995) im Dominikanerkloster St. Albertus Magnus in Braunschweig. Alle diese Arbeiten ziehen sich von der Konzeption bis zur Fertigstellung über Jahre hin. Beim vierten Werk handelt es sich um die gemeinsam mit dem ehemaligen Münchner Bildhauerkollegen Leo Kornbrust entworfene und ausgeführte integrative künstlerische Ausgestaltung der neuen Hauptverwaltung der Union Krankenversicherungs AG (UKV) in Saarbrücken, die 1997 zum Abschluß des ersten Bauteils gelangte.

Bei dem großformatigen ›Haniel-Projekt‹ kreuzen, überlagern, schichten sich Wegezeichen auf Edelstahl- und Lochblechplatten. Das Edelstahlrelief ist nicht nur axial von vorn, sondern von unterschiedlichen Sichtachsen und Bewegungsabläufen her erfahrbar. Dabei reflektieren die Edelstahlflächen, deren Farbigkeit aus den Spektralfarben des einfallenden Lichtes entwickelt ist, in hohem Maße Tageslicht und bilden einen strukturellen Zusammenklang mit dem Stahl und Glas der Architektur. Die profane Symbolik der urbanen Leitlinien läßt sich bei einem so vielfältig verzweigten Unternehmen wie dem Haniel-Konzern, der sich in einem Medienzeitalter konsequent und logisch vom Transportunternehmen zum Logistikkonzern gewandelt hat, leicht von konkreten Straßen- und Transportwegen auf Kommunikationsstrukturen innerhalb des Betriebes und im Umgang mit Kunden und Öffentlichkeit ausweiten.

Ästhetisch stellt dabei jedes Einzelrelief ein autonomes Bildzeichen dar, das aber mit vorausgehenden und folgenden Zeichen in innerem Zusammenhang steht. Aus den Schichtungen und Überlagerungen lassen sich keine hierarchischen Strukturen ableiten, ebensowenig eine der Farbgestaltung. Es gibt also nicht – wie bei einem entfernten Ahnen dieses großen Wandbildes – ›Haupt- und Nebenwege‹. Hierin mag man einen verweisenden Fingerzeig zum Werk Paul Klees sehen und darin auch den Wandel der Zeit erkennen.

Der Bau der Ringelheimer Filiale der Kreissparkasse Goslar dauerte von Mitte 1990 bis Ende 1991, erst nach Abschluß des Bauvorhabens wurde Gerd Winner zur Gestaltung des Innenraums hinzugezogen. Entstanden ist ein ganz merkwürdiger, vermutlich in einem Bankgebäude einmaliger Raumeindruck.

Der Architekt, Wilhelm Kuhn, beharrt darauf, daß die multifunktionelle Zuordnung – Sparkassenfiliale, Apotheke und Wohnhaus – seines für eine konservative Dorfgemeinde mutig modernen Baus eindeutig ablesbar sei. Das trifft für die Außenarchitektur auch ohne Zweifel zu, bei der die drei Funktionen des Gebäudes geschickt miteinander integriert sind. Begibt man sich jedoch in den dominanten Sparkassenteil hinein, so befindet man sich in einem Gebäude, das durch seine weitgehend zylindrische Form, steil ansteigende Treppen, Seiten- und Oberlicht und vor allem durch die Kunst Gerd Winners geprägt wird. Die Kunst aber ist es, die dem Raum seine eindeutige Zuordenbarkeit nimmt. Denn das 12teilige Roadmarks-Edelstahlrelief an der Treppenwand verleiht im Zusammenklang mit einem weiteren, überaus skulptural wirkenden einfarbig silberglänzenden Edelstahl-Paravant, der Schalterraum und Kundenberatungsbereich voneinander abschirmt, dem ganzen Gebäude einen nahezu sakralen Charakter. Die Kunst, die zumal an Sonnentagen eine Fülle lebhafter Licht-Schattenspiele hervorruft, überhöht dieses relativ kleine Gebäude, steigert den Rang dieses Profanbaus so sehr, daß er gewissermaßen zum Tempel des Geldes wird.

Die durch und durch moderne Innenarchitektur dieser Bankfiliale erhält durch die Arbeiten Winners einen Schwebecharakter, wird zu einem Gesamtkunstwerk mit deutlich spirituellen Unter- und Obertönen. Dieser Eindruck resultiert aus der nach oben, zum Licht orientierten Gebäudeform im Einklang mit den Lampen Arne Jacobsens und den ebenfalls nach oben weisenden Roadmarks und ihrer mehrdeutigen Symbolik. Gerd Winner hat hier sein Ronchamp gefunden. Es ist der andere bauliche Kontext und eine veränderte Farbigkeit, die diesen strukturell grundsätzlich ähnlichen Zeichen im Kloster St. Albertus Magnus ihren Sakralcharakter geben. Wegekreuze und sich ›x-ende‹ Wege können eben auch zu Kreuzwegen werden. Da scheint plötzlich auch eine innere Beziehung zum Times Square durch. Ein kleiner Bau, man denke an Parallelen im Werk von Architekten wie z. B. Hans Holleins Retti-Kerzenladen in Wien, kann somit zu einem Schlüsselwerk moderner Integration von Kunst und Architektur werden.

In seiner Eigenschaft als Ministerpräsident des Saarlandes hat Oskar Lafontaine die Neubauten der Union Krankenversicherungs AG in Saarbrücken als »Innovationsallianz«[48] gekennzeichnet, weil hier geschehen ist, was eigentlich der Regelfall sein sollte, bedauerlicherweise aber nur selten vorkommt. Bauherren, Architekten, Landschaftsarchitekten, Künstler und Betriebsräte haben von Anfang an bei dieser »aus Kreisungen und Zylindern bestehenden Baustruk-

2 Edelstahlreliefs, 1995, je 100 x 100 cm, Stationen des Kreuzwegs, Dominikanerkirche St. Albertus Magnus, Braunschweig

tur«[49], die in der Endausbaustufe sieben Rundtürme umfassen wird, von denen in der ersten Baustufe zwei realisiert wurden, eng zusammengearbeitet. Sie haben dabei architektonische und künstlerische Konzeption, landschaftsgärtnerische Gestaltung, Klima- und Lichttechnik, Arbeitsplätze, Parkhaus und Rekreationsmöglichkeiten aufeinander abgestimmt. Je nach spezialistischem Blickwinkel der beteiligten Disziplinen verschieben sich naturgemäß immer wieder die Schwerpunkte. Die integrative Leistung, die hier schließlich zustandegekommen ist, macht das Gesamtprojekt zu einer vorbildlichen Anlage in städtebaulicher, in ökologischer, arbeitsökonomischer und auch in künstlerischer Hinsicht:

> »Wer zum ersten Mal vor dem Gebäude, besser vor der sich nach und nach vervollständigenden Gruppe der Bauten ankommt, bemerkt auf den ersten Blick zweierlei: erstens ein rings von grünen Höhen fest eingefaßtes, nach Süden offenes Tal; zweitens darin blinkend und spiegelnd, einen vielgestaltigen Komplex imposanter Bauten, die eine geheimnisvolle Beziehung untereinander haben. Das Überraschende daran aber ist der Empfang, der dem Ankommenden durch die Architektur bereitet wird, sagen wir: der für ihn inszeniert wird.
>
> Das beginnt mit einer harmlosen Einfahrt. Doch ein paar Schritte weiter steht man schon an einem großzügigen Platz mit dramatischen Zügen. Er bildet, unübersehbar, den Mittelpunkt des gesamten Areals. Geometrisch betrachtet ist er ein Kreis, an den zwei Tangenten schräg angelegt sind. Auf der nördlichen Tangente sind vier, auf der südlichen drei untereinander verbundene kreisrunde Gebäude plaziert. In der städtebaulichen Anordnung ergibt das ein spitzes Dreieck, das sich mit großer Gelassenheit in das schön umschlossene enge Tal schmiegt. Zwar wird der Gebäudekomplex durch die bewaldeten Höhen ringsum eingefaßt – zusammengehalten aber wird er von innen, durch die zentrale Rotunde des Eingangsplatzes mit seinen Empfangsgebäuden.«[50]

Die heilige Siebenzahl hat als Inspirationsquelle für die Architekten Bernhard Focht und Harald Grund ebenso wie für die Künstler Leo Kornbrust und Gerd Winner gedient. Die Architekten haben von einem einzigen Punkt aus alle Messungen durchgeführt und konsequent alle Koordinaten zu diesem ›Mittel-Punkt‹ hingeführt, der damit zum Zentrum der in den sieben Verwaltungszylindern arbeitenden Menschen wird.[51] Leo Kornbrust hat eine in sich gedrehte Sieben-Eck-Säule, das ›Hohe Siebeneck‹, aus schwarzem südafrikanischem Impala-Granit genau auf diesen Punkt gestellt.

Ernst-Gerhard Güse, Direktor des Saarlandmuseums, und der Architekturkritiker Manfred Sack haben die Symbolik der Siebenzahl in imponierenden Aufzählungen von den Babyloniern und Sumerern bis auf den heutigen Tag aufgelistet, aus denen einige Sätze Sacks zitiert seien:

linke Seite:
20teiliges Edelstahlrelief, 1994, je 200 x 200 cm,
Foyer der Franz-Haniel-Akademie, Duisburg

Altarwand, 1996, 21teiliges Edelstahlrelief von Gerd Winner,
Altar von Franz Erhard Walther, Stadtkirche Karlsruhe

Baubezogene Kunst 159

Drehaltar, 3teiliges Stahlrelief, vergoldet, 1995, entstanden in Zusammenarbeit mit Ingema Reuter, St. Maria Immaculata, Mellendorf-Wedemark

»Sieben Tage hat die Woche, sieben Tage dauerte die biblische Schöpfung, man zählt sieben Planeten, Weise, Weltwunder, denkt an Siebenblatt, -paß und -schneuß, an die Siebensachen und den Siebenschläfer. Und hier? Hier beginnt das Spiel mit der siebeneckigen, leicht in sich gedrehten und auch so behauenen Skulptur (...) eine 180 Tonnen schwere, fein rhythmisierte kraftvolle Plastik, aus schwarzem südafrikanischen Granit gehauen, zwei mal sieben Meter hoch.

Die Gruppe der Gebäude wiederum wird eines Tages – die Cafeteria nicht gerechnet – aus sieben zylindrischen Bauten bestehen, (...). Im Pfeiler-Architrav des Eingangs-Rondells wiederum bilden drei Leuchtstoffröhrenringe sieben Segmente, die in den sieben Newtonschen Spektralfarben erstrahlen. Also kehren diese ›Farben des Lebens‹ in den sieben Gebäuden (und der Cafeteria) wieder, Blau und Grün im Norden, Rot eines Tages im Süden.

So hat jedes Haus seine Farbe, stockwerksweise getönt: im Erdgeschoß hat sie ihre dunkelste, im obersten ihre hellste Tönung, in jeder Etage sind sie durch einen breiten weißen Streifen voneinander getrennt. Ihre eigenartige Leuchtkraft aber verdanken sie der Art ihrer Herstellung. Nach der Anweisung des Malers Gerd Winner wurden die fünf bis neun Farbschichten lasiert, das heißt mit dem Schwamm übereinandergetupft. Das ergab einen großen Reichtum an Nuancen.«[52]

Gerd Winner hat neben der inneren Farbgestaltung der Rundbauten zum Gesamtprojekt beigetragen, was Sack »das Balkendekor im Rampenpflaster«[53] nennt. Dabei handelt es sich um radial und diagonal verlaufende, sich zu Pfeilgebilden, Rhomben und komplexen Mustern überlagernde Roadmark Strukturen, die insgesamt alle auf den Mittelpunkt des Forums, die wasserumglitzerte Stele von Leo Kornbrust ausgerichtet sind. Da Architekturen, zumal solche aus Stahl und Glas, heutzutage auch immer stärker nicht nur als Tages-, sondern auch als Abend- und Nachtarchitekturen geplant werden, hat er die säulenumstandene Rotunde des Forums mit seiner insgesamt 3,60 m ansteigenden Vorfahrtrampe mit dem erwähnten ›Lichtkreis‹ aus Leuchtstoffringen umgeben. Sie tauchen die Anlage in farbiges Licht, verleihen ihr bei Dunkelheit einen festlich-theatralischen Charakter. Obendrein hat er über der Rezeption im Eingangsfoyer des Vorstandsgebäudes drei großformatige Roadmark-Leinwände installiert.

High-Tech-Bauten wie die der UKV in Saarbrücken wirken und sind zweifellos sauber, elegant, formvollendet, ästhetisch, schön. High-Tech pur besitzt von jeher aber auch eine Tendenz zu Kälte und Inhumanität. Dieses Schicksal wäre auch den Bauten von Focht und Grund beschieden, wäre da nicht die Integration von Architektur, Kunst und landschaftsarchitektonischer Gestaltung. Letztere ist absolut essentiell für die Humanisierung von Technik, für Mikroklima und Arbeitsplätze. Insofern kommt der Mitarbeit der beiden Landschaftsarchitekten Hanno Dutt und Gerhard Hegelmann sowie von Jürgen Frantz, dem Technischen Leiter des Neuen Botanischen Gartens der Universität Tübingen, ebenso entscheidender Anteil am Gelingen des UKV-Projekts zu wie Künstlern und Architekten.

Das interaktive Planungskonzept gestattete die nahtlose Einbeziehung der Kunst in den landschaftsarchitektonischen Gestaltungsprozeß und umgekehrt. Insbesondere bei der Konzeption des zentralen Eingangsbereiches mit Wassergarten und platzartiger Hofrotunde gelang es, aus den unterschiedlichen Ansätzen von Architekten, Künstlern und Landschaftsarchitekten eine harmonisch zusammenstimmende Gesamtwirkung zu erzielen.

Die landschaftsgestalterische Kernidee des gesamten Projekts beruhte von Anfang an auf großflächigen, geländemodellierenden Dachbegrünungen und der Anlage eines Retentionswassergartens, der zugleich als Entree für Besucher sowie als Erholungsbereich der Mitarbeiter dienen sollte.[54] Was dabei zustandekam, ist eine vorbildliche Synthese von Architektur, Technik, Natur und Kunst.

Die hier vorgestellten Arbeiten Gerd Winners bilden nur einen Ausschnitt aus seinem und seiner Werkstatt baubezogenem Œuvre, das insgesamt wesentlich umfangreicher ist. Längst sind neue Arbeiten hinzugekommen, z. B. in der Braunschweiger Nord LB (1997) oder der Kreissparkassenfiliale in Vienenburg (1998). Sie sind jedoch exemplarisch, markieren wesentliche Stationen eines Entwicklungsweges, demonstrieren Beharrlichkeit, Vielseitigkeit, Professionalität, Anpassungsfähigkeit in der Einlassung auf und in der Durchführung von sehr unterschiedlichen Aufgaben. Das Saarbrücker Projekt stellt insofern ein Novum dar, als es ein Integrations- und Kooperationsprojekt ist, das allen Beteiligten ein hohes Maß an Teamfähigkeit abverlangt. Sollte es Gerd Winner vergönnt sein, auf diesem Weg fortzuschreiten, so könnten weitere vorbildliche Lösungen im Sinne ganzheitlicher Architekturansätze zustandekommen, die der Psyche und Physis von Bewohnern und Nutzern zweifellos zuträglicher wären als noch so brillante punktuelle Ansätze, bei denen solistisch nur eine Dominante zum Klingen gebracht wird.

Wandrelief aus Chromnickelstahl, 1997, Nord LB, Braunschweig

Details aus dem Wandrelief der Nord LB, Braunschweig
Videostills aus dem Winner-Film von Christian W. Thomsen und Wolfgang Kuhn

Kundenhalle der Nord LB, Dankwartstraße, Braunschweig.
Neu-Konzeption der Architektengemeinschaft Pysall, Stahrenberg und Partner
in denkmalgeschütztem Altbau,
mit farbigen Chromnickelstahlreliefs von Gerd Winner, 1997,
4 x 14,7 m (untere Ebene), 3 x 14,7 m (mittlere E.), 2,65 x 14,7 m (obere E.)
Videostill aus dem Winner-Film von Christian W. Thomsen und Wolfgang Kuhn

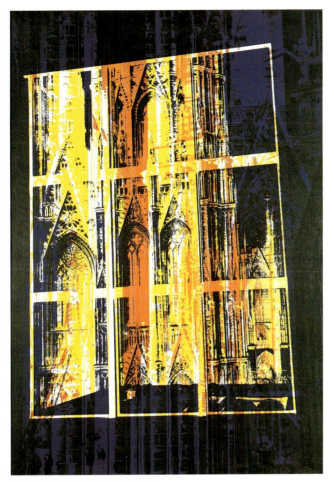

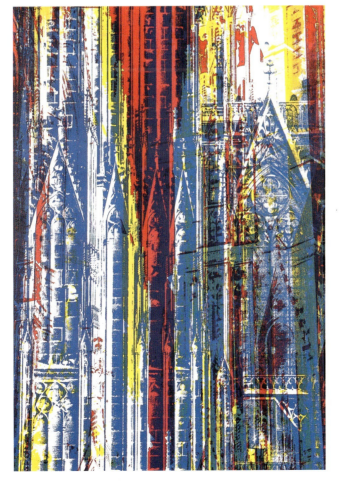

4 Blätter aus 25teiligem Graphikzyklus der ›Kölner Fenster‹, 1995, vor dem großen Sitzungssaal des WDR-Hörfunkgebäudes, Köln

ARCHITEKTURPHOTOGRAPHIE ALS KUNST

»Arbeiten, die im photographischen Bereich bereits abgeschlossen sind, bedürfen keiner Deutung über die malerische Umsetzung.«

Seit Jahrzehnten, genauer genommen seit Mitte der 60er Jahre, ist die Kamera unerläßliches Hilfsmittel Gerd Winners für den Gestaltungsprozeß seiner Bilder:

»Photographieren ist für Winner Sehen und Notieren, die entwickelten Filme sind sein Skizzenbuch. Doch die eigentliche künstlerische Arbeit beginnt erst bei der Auswahl aus der Fülle des konservierten Materials, beim Festlegen des Ausschnittes und des Vergrößerungsmaßstabes. Da der Siebdruck ohne Raster keine Gradationen erlaubt, müssen die Farbauszüge zum Kopieren der Drucksiebe in mehrfachen Belichtungs-, Kopier- und Vergrößerungsprozessen auf die gewünschten Härten im Positiv-Negativ-Dualismus gebracht werden. Hierbei – wie ebenso in der Farbwahl – nimmt der Künstler durch das Mittel des analytischen Herausfilterns von Strukturen und ihrer subjektiven Deutung Einfluß auf die Realitätsnähe oder -ferne des Produkts. Demnach ist der Einsatz der Photographie mit dem Blick durch den Sucher und dem Druck auf den Auslöser der weitaus unbedeutendere Teil, denn erst der künstlerische Eingriff beim photographischen Prozeß sowie das Kalkül der Farbzusammenstellung und -mischung beim Druck sind die entscheidenden Vorgänge. Mit Photorealismus, wie mancher vielleicht meinen könnte, hat dies beileibe nichts zu tun.«[55]

Dieses über fast drei Jahrzehnte unbestrittene Credo aller Winner-Fans, wie es Bernhard Holoczek formuliert hat, besitzt mittlerweile nur noch eingeschränkt Gültigkeit. Denn die Hilfsgeister, die der Meister gerufen, sie lassen ihn inzwischen nicht mehr los, haben sich von ihrer dienenden Funktion emanzipiert und verlangen heftig danach, nun auch selbst als eigenständige Werke anerkannt zu werden. Diesem Verlangen soll zum Abschluß dieses Buches mit einigen Ein- und Ausblicken Rechnung getragen werden. Der, der sie gerufen, Gerd Winner, meint dazu, halb entschuldigend, halb erstaunt: »Ich photographiere ja schließlich schon seit dreißig Jahren, inzwischen habe ich auch einiges gelernt und kann besser mit der Kamera umgehen.«

Rückblick

Bernhard Holoczek war es auch, der 1977 Winners Photographisches Skizzenbuch mit 544 Photos, ausgewählt aus einer ungleich größeren Fülle von Londoner Dockland-Gebäuden und U-Bahn-Szenen, von New Yorker Eastend- und Westend-Häusern und Straßen sowie Pier-Anlagen herausgab. Größten Nachdruck legte er auf die Feststellung:

»Einem Verdacht muß sogleich entgegengetreten werden: Hier liegt nicht – einem gegenwärtigen Interesse der Rezeption folgend – ein weiteres Photobuch vor. Hier interessiert nicht die Photographie *als* Kunst, sondern nur die Photographie *vor* Kunst oder *für* Kunst, besser noch die Photographie *zur* Kunst. Das Photo nicht als Selbstzweck, sondern als Ausgangspunkt, ohne besonderes Raffinement, ohne eigentlich fachmännisches Können – nur Vorstufe, Arbeitsmaterial, sekundäres, fast unterdrücktes Medium vor der Gestaltung.«[56]

Diese Sammlung ist denn auch eine höchst informative, bewußt kunstlose, authentische Dokumentation. Wer glaubt, die inzwischen längst historischen Dockland-Bilder hätten, allen gegenteiligen Beteuerungen zum Trotz, doch etwas mit Photorealismus zu tun, hier kann er mit den unmittelbaren Vorbildern vergleichen und wird eines Besseren belehrt. Nicht angeschnitten, frontal, direkt begegnen ihm die Zeugnisse einer wahren Architektur-Obsession. Eine Obsession, die so ganz anders ist, als das, was man aus den Photoreportagen der Architektur-Presse kennt. Neubauten interessieren nicht, Weitwinkel interessieren nicht, kunstvolle Arrangements interessieren nicht. Was interessiert, sind Spuren, Erosionen, Strukturen. Dokumentation pur – Häuser und Straßen in den Londoner Docklands an eintönigen Wochenenden, photographiert, wenn keine Menschenseele unterwegs ist. Straßen, Mauern, Häuser: abgenutzt, verbraucht, zernutzt, schrundig, zerschunden, befleckt, schmutzig. Die Stadt als Stadtkörper, bar jeden Glamours, wie er uns aus all den Mode-, Fitneß-, Life Style-Publikationen entgegenstrahlt und -duftet. Häuser, bescheiden und in Demut, aber auch selbstbewußt, aggressiv, arrogant. Häuser wie Menschen.

Es wird evident, was Gerd Winner meint, wenn er von Wirklichkeit spricht. Das, was sich mit quasi naturwissenschaftlicher Genauigkeit ungeschminkt im Bild festhalten läßt, schwarzweiß, nüchtern, präzise. Schaut man sich dann die farbigen Siebdrucke an, die Winner nach den photographischen Vorlagen geschaffen hat, so wird einem doppelt bewußt, daß er einer anderen Realität auf der Spur ist, einer topischen und utopischen, einer zeichenhaften und ästhetischen. Einer Realität zudem, die den Faktor Zeit sichtbar in die Bilder integriert und als etwas begreift, das dem Körper und ›Facies‹ – der Fassade, dem Gesicht – Spuren von Leben und Würde eingräbt:

»Für Gerd Winner ist Photographie bestimmender Faktor eines zusammenhängenden Arbeitskonzepts, das – vom Photo bzw. Negativ ausgehend – neben gesteuertem Selektieren durch phototechnische Umsetzungen auch manuelle Bearbeitung einschließt. Bei Winner ist Photographie dominierendes Arbeitsmittel, das auf ein im Siebdruck erstelltes Produkt hinzielt.«[57]

Das mag ja alles stimmen, und es beschreibt exakt des Künstlers Arbeitsweise früherer Jahre, die er auch heute noch oft anwendet. Aber leise Zweifel beschleichen einen ob der bloßen Dienstmagdfunktion der Photographie, sobald man sich aus früher Zeit die Detailphotos betrachtet, z. B. die Hydranten, Feuermelder, Schläuche, Alarmsirenen, Feuertreppen, Schwimmwesten aus der ›Emergency-Serie‹. Da gewinnen die Gegenstände eine derartige symbolische Präsenz, daß sie einen förmlich anspringen, oder es zeigen, wie Lothar Romain es ausgedrückt hat, Siebdrucke wie Photos vertraute

Gegenstände nicht wie Einrichtungen des täglichen Lebens, sondern wie Besetzungen der Welt. Durch die Hervorhebung erlangen die Gegenstände ein neues Gesicht, sie erhalten auratischen Charakter.[58] Immaterielle Strukturen, die Schatten der Feuertreppen, gerinnen zu reiner Ästhetik. In der ›Emergency-Sammlung‹ wie in den Hunderten von NO-Zeichen finden sich somit schon früh Photos, die durchaus Kunstcharakter beanspruchen können; symbolischer Realismus im Photo, nicht in der photo- oder hyperrealistischen Malerei.

In New York ändert sich dann unter dem Einfluß von Leben, Verkehr und Architektur die Sehweise, die Konstruktion von Winners Bildern und schließlich auch die Technik des Photographierens. Die Erfahrung von Multiperspektivität, Multikulturalität des Stadtlebens drängt sich in New York auf wie in keiner anderen Metropole. Winner, ohnehin jedem ›einäugigen Sehen‹ abhold, trachtet dem durch Collagieren, Schichten, Überblenden, Schwenks, Drehbewegungen, Aus-den-Achsen-Kippen, durch eine völlig neue Tektonik seiner Bilder gerecht zu werden. Er holt konstruktiv nach, was John Dos Passos bereits 1925 in seinem Roman *Manhattan Transfer* einzufangen suchte: Die Stadt als Protagonist, ihren Heteropolis-Charakter und ihre Multidimensionalität mit literarischen Mitteln beschreiben, die er »camera eye technique« nannte. Was der literarische Autor gemäß dem Schriftcharakter des Buches nur sukzessiv darstellen kann, vermag der Maler simultan ins Bild zu setzen.

In den *Times Square*-Bildern der späten 80er und frühen 90er Jahre werden wie unter hohem Beschleunigungsdruck immer mehr Bilder in eine Komposition eingebunden, geschichtet, verdichtet, in Kipp-, Dreh- und Wirbelbewegungen versetzt:

»Die Bilder vom New Yorker Times Square machen das deutlich, wenn sie simultan verschiedene Ansichten zusammenfassen, entstanden aus der Bewegung wie beim Filmen; der Fotoapparat hat einmal in ruckweisem Schwenk eine Folge von Ansichten en face aufgenommen. Das ist die bei Winner gewohnte Optik des aufrecht stehenden Menschen und seines Gesichtskreises. In den Bildern wird sie verifiziert z. B. durch Lichtmaste, an denen wir Maß nehmen und uns orientieren können. Zugleich aber hat der Fotograf immer wieder den Blick nach oben gerichtet, die Kamera buchstäblich hoch gerissen zur Fernsicht auf die Skyline der Wolkenkratzer und dabei die Verzerrung der Perspektive einkalkuliert. So sind Doppelbelichtungen entstanden, die nicht nur eine Veränderung bzw. Überlagerung von Perspektiven erzeugen, sondern auch die Zeit einzuschließen scheinen, die zwischen dem Wechsel der Blickwinkel liegt. Das Nahe und das Ferne in der eigenen Bildkonstruktion einander zugeordnet, ist nicht lediglich eine Frage der Perspektive, sondern der unterschiedlichen Bildstrukturen. Sie überlagern sich hier zu einem neuen, vielperspektivischen Bild, das den Raum nicht mehr unter einem bestimmten Blickwinkel ordnet, sondern ihn gleichsam in verschiedenen Schichten freilegt.«[59]

Photographie zu 42nd Street, Viewpoint of an Architect

42nd Street, 1996, Photographien

42nd Street, 1996, Photographie, 100 x 100 cm, Cibachrome

 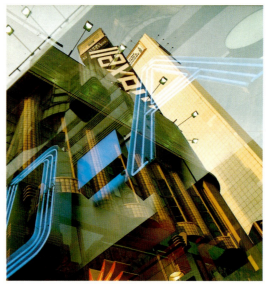 

42nd Street, 1996, Photographien, je 100 x 100 cm, Cibachrome

42nd Street, 1996, Photographie, 100 x 100 cm, Cibachrome

42nd Street, 1996, Photographien

Post no Bills, 1996, 100 x 100 cm, Cibachrome

Architekturphotographie als Kunst

Theaterportikus, 1996, 100 x 100 cm, Cibachrome

Theaterportikus, 1996, 100 x 100 cm, Cibachrome

Architekturphotographie als Kunst 173

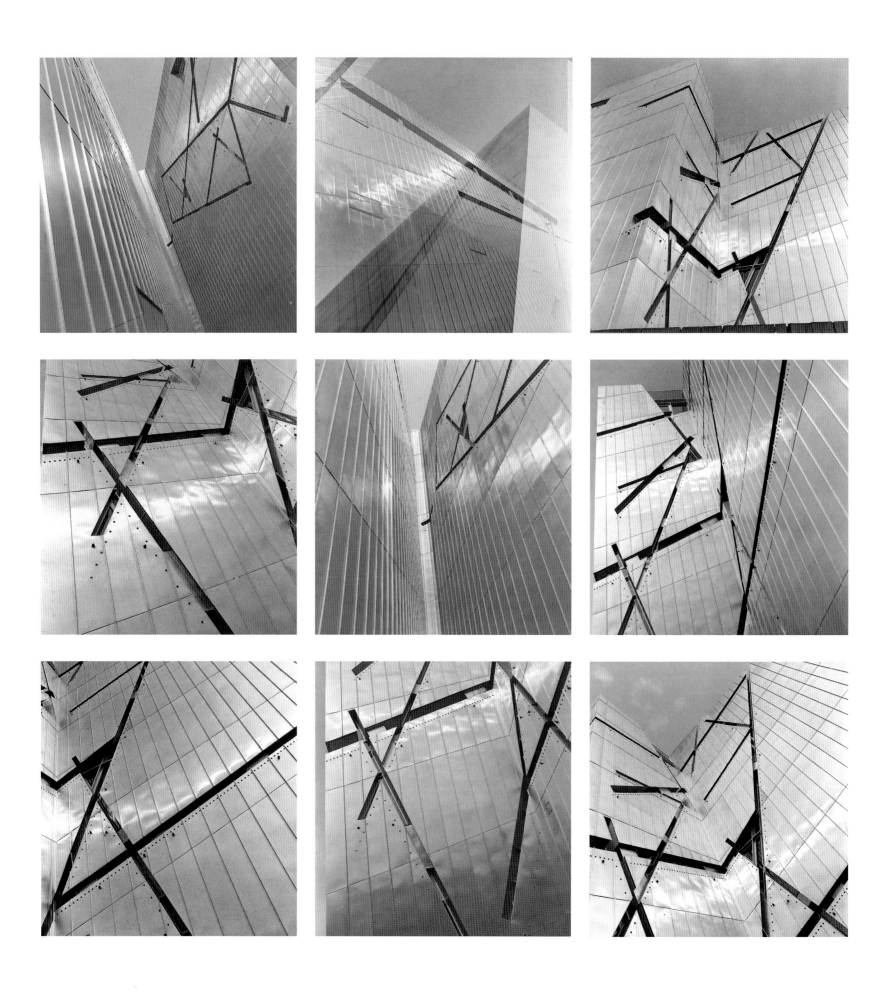

Jüdisches Museum Berlin, Architekt Daniel Libeskind, 1998, Photographien

Einblick

Im Unterschied zu traditionell gemalten Collagen oder Materialcollagen kann man an Gerd Winners *Times Square*-Bildern zwar Schichtungen, Überlagerungen und Tiefenräume sehen, aber nicht feststellen, wo und wie die Einzelbilder und Bildausschnitte ineinander montiert sind. Der Siebdruck gestattet ein nahtloses Ineinanderfließen der Elemente, was natürlich auch der technischen Meisterschaft Winners und seiner Drucker zuzuschreiben ist.

Konventionelle Photos könnten nie das an ästhetischer und symbolischer Wirkung erzeugen, wozu Winners *Times Square*-Bilder in wachsender Komplexität imstande waren. Hier stand insofern eine seltene Vergleichsmöglichkeit zur Verfügung, als ich mir von führenden amerikanischen Architekturphotographen für zwei Architekturbücher Auswahlsendungen von Times Square-Photos schicken ließ. Allesamt waren handwerklich-technisch hervorragend, keines von ihnen konnte jedoch in der Symboldichte und der ästhetischen Überzeugungskraft den besten Winner-Bildern standhalten.

Dann, Mitte der 90er Jahre, plötzlich die Überraschung. Winner gelingt nunmehr in mehrfach belichteten Einzelphotos von Times Square und 42nd Street fast genau die gleiche Kompositionsvielfalt und ästhetische Ausdrucksstärke wie in seinen großen Acryl-Leinwänden. Der unambitionierte, bewußt kunstlose Photograph ist nunmehr auch photographisch zum Künstler gereift. Bessere Qualität, vor allem der Farbfilme, mag daran einen gewissen Anteil tragen, das wahre Geheimnis liegt aber allemal im Auge, in der künstlerischen Idee, im kompositorischen Kalkül und im technischen Können des Photographen. Auch die Hochhaus-Architekturen neueren Datums, die Winner bislang nur Desinteresse zu entlocken vermochten, werden nunmehr für ihn gestaltungswert. Aus dem Miteinander von Alt und Neu gewinnt die seinen Bildern stets inhärente Zeitdimension frische Valeurs.

Darüber hinaus hat sich auch die Farbigkeit rings um den Times Square in den 90er Jahren erheblich verändert. Die Farben sind leuchtender, bunter, aggressiver und großflächiger geworden. Unversehens sind ganz neue Farbmischungen realiter vorhanden, während Winner die *Times Square*-Bilder der 80er und frühen 90er Jahre kompositorisch, vor allem aber auch in der Farbgebung, im Atelier stark veränderte und damit ganz unterschiedliche Stimmungseffekte erzielte.

In Berlin ist es insbesondere der im Oktober 1998 zur Eröffnung anstehende Libeskind-Bau des Jüdischen Museums, der ihn auch in der Schwarzweißphotographie herausfordert und zu Photos anspornt, die in sich so gelungen sind, daß sie keiner weiteren malerischen Bearbeitung und Umsetzung bedürfen. Die vielschichtige Symbolik dieses Bauwerks wurde bereits während seiner Bauzeit in der nationalen wie in der internationalen Presse intensiv diskutiert. Handelt es sich dabei um die gebaute Umsetzung eines gefrorenen Blitzschlages, eines geborstenen Davidsterns, von ineinandergeschobenen Waggons einer Zugkatastrophe? Was soll in einer derart dynamischen und expressiven begehbaren Skulptur ausgestellt werden? Jüdische Geschichte und Kultur, der Holocaust, Gegenwart? Sollen gar Modenschauen oder theatralische Darbietungen in eigenen Räumen stattfinden? Oder ist es Bauherr und Publikum zuzumuten, dem Rat des Architekten zu folgen und das Bauwerk weitgehend leer zu lassen? Würde es dann durch seine Raumgestaltung allein und durch die Abwesenheit all der Ermordeten und ihrer Kultur am nachhaltigsten wirken? Die schimmernde metallische Außenhaut des Gebäudes mit seinen Sehschlitzen, mit dekonstruktivistisch an- und aufgerissenen Fensterfluchten, die wie Wunden anmuten, mit rätselhaften Zeichen, Signalen und Wegemarken, die Kreuzessymbolik ebenso evozieren wie Visiere von Ritterrüstungen oder Blicke aus Kerkerritzen, hat es Gerd Winner angetan. Letztere sind seinen Roadmarks und Kreuzwegen durchaus artverwandt. Diese gebaute Haut befruchtet seine eigene gestalterische Phantasie.

Das photographische Können Gerd Winners hat sich mittlerweile derart gesteigert und perfektioniert, daß zu erwarten steht, daß er in den kommenden Jahren immer öfter zur Photographie als genuinem künstlerischem Ausdrucksmittel finden wird.

Ausblick

Für Gerd Winner ist der Times Square eine Art Nabel der Welt, Menschheitssymbol und Sinnbild der Stadt mit stark utopischen Zügen. Wir sahen bereits, daß im Prozeß permanenten Wandels, dem diese Gegend New Yorks architektonisch unterworfen ist, sich symptomatisch und exemplarisch eine Veränderung unseres Stadtgefühls vollzieht, die früher oder später auch europäische, selbst kleinere Städte erreichen wird. Sie ist, manchmal noch fast unmerklich, schon vielerorts in vollem Gange. Es handelt sich dabei um eine Verschmelzung von virtuellen und realen ›Realitäten‹. Diese wiederum vollzieht sich analog der wachsenden Hybridisierung und Medialisierung unserer gesamten Alltagskultur. Sie ist deutliches Kennzeichen des Hineinwachsens in eine Medien- und Kommunikationskultur, die sich herausbildet, ob das dem einzelnen nun paßt oder nicht.

Bei dieser Medialisierung und Immaterialisierung von Architektur spielen Klang, Licht und Farbe, Synästhesien eine wesentliche Rolle. Der Times Square-Entwurf von Hani Rashid und Lise-Anne Couture trägt dem bereits voll Rechnung. Es gehört zu Winners Axiomatik, daß er im Gegensatz zu jenen, die lauthals das Verschwinden öffentlicher Räume und von Öffentlichkeit im allgemeinen beklagen, der Überzeugung ist, daß sich gerade durch Qualitäten des Lichts und der Virtualisierung Außenräume zu Innenräumen umgestalten. Bemerkenswert ist ja, welch ungeheure Anziehungskraft der Times Square auf Menschen aller Nationen ausübt, obwohl es doch dort gar keine besonderen architektonischen Monumente zu bestaunen gibt, die Kino- und Theaterattraktionen eher bescheiden und das Umfeld

**19. Januar 1998, Memento mori für Ingema Reuter, 1998,
100 x 70 cm, Serigraphie**

eher schäbig sind. Doch alle New York-Besucher und auch die Einheimischen gehen hin und werden durch die ›messages‹ unserer Zeit ›erleuchtet‹: ›Life is short‹, ›Play hard‹, ›Money makes Money‹ und was dergleichen Truismen mehr sind. Die Erfahrung der Wirklichkeit wird durch Werbung und andere mediale Botschaften gerade in den 90er Jahren immer mehr zu einer virtuellen, was für Winner im Verein mit seiner spezifischen Vorstellung von Apokalypse eminent utopische Züge trägt.

Gerd Winner ist akademischer Lehrer. Und der wäre ein schlechter Lehrer, der nicht von seinen Schülern lernt. Mindestens 50% der Teilnehmer von Winners Meisterklasse sind Absolventen von Photo-Fachschulen. Unter ihnen vollzieht sich ein vehementer Aufbruch in neue mediale Gestaltungsexperimente. Die traditionellen Bildthemen der Malerei kommen fast nicht mehr vor. Arbeiten im Video- und Computerbereich überwiegen, viele von ihnen experimentieren mit virtuellen, computergesteuerten Reaktionsräumen und einer Vielzahl unterschiedlicher Medien.

Es ist deutlich geworden, daß in Winners eigenen Arbeiten solche Ansätze potentiell angelegt sind, ohne daß er, als ein Vertreter einer älteren Generation, noch imstande wäre, diese ebenso bahnbrechend selbst voranzutreiben, wie einst die Perfektionierung des Siebdrucks. Was er jedoch leisten und auf Schüler wie auf sich selbst anwenden kann, ist die notwendige kritische Hinterfragung von Bildwirklichkeiten auch bei technischen und elektronischen Medien. Klare künstlerische Leitlinien, abfragbare und hinterfragbare Positionen muß und wird es auch in den neuen Medienkünsten geben. Das Ende der Kunst steht durch sie ebensowenig ins Haus wie der Untergang des Abendlandes. Derartiges Pathos ist schlicht Unsinn. Spannung, Neugier, Experimentiergeist sind hingegen angesagt.

Ein Vorhaben, an dem Gerd Winner bisher gescheitert ist, das in die skizzierte Richtung verläuft und das ihn seit einem Jahrzehnt immer wieder umtreibt, besteht in der Einspeisung von elektronischen Bildern, die in einer Art kontinuierlicher Überblendung, also in elektronisch gesteuerten Bildschichtungen ablaufen. Sie würden, natürlich in zeitlicher Differenzierung, ein Kontinuum darstellen können, dem er den Titel ›Apokalypse‹ geben möchte. Was ihm vorschwebt, ist eine Revolutionierung des graphischen Bereiches dergestalt, daß z. B. architektonische Strukturen sich überhaupt nicht mehr statisch darstellen, sondern bildnerisch vermittelte Architektur sich in einem Kontinuum verändert. Dies hätte zunächst aus den vorgegebenen Bildstrukturen vorhandener Architekturen zu geschehen, die aber in dieser Mischung und Überlagerung von vorhandenen Realismen imstande wären, utopische neue Bilder zu kreieren, die aus der Mischung von Bildreflektionen bestehen.

Dies ist ein noch vages, aber konsequentes Fortdenken von Winners eigenen Times Square-Experimenten. Die eingangs gestellte Frage nach den ›Medien der Zukunft‹ würde damit im Hinblick auf das Winnersche Œuvre eine gewisse, wenn auch niemals endgültige Antwort finden. Zumindest am Zentrum für Kunst und Medientechnologie (ZKM) in Karlsruhe, an der Kunsthochschule für Medien (KHM) in Köln und an der Columbia University in New York sowie an UBC, der University of British Columbia in Vancouver, gibt es Absolventen und Künstler, die fähig wären, ein derartiges Projekt anzugehen und zu realisieren. Und wer weiß, ob uns nicht Hollywood und Industrial Light and Magic (ILM) ähnliches schon morgen präsentieren werden. Doch für Gerd Winner beginnt die Zeit knapp zu werden, und bei dieser Art hochtechnisierter Kunst ist es immer die Frage, ob an den betreffend ausgestatteten Institutionen auch eine personelle Konstellation vorhanden ist, die willens und imstande ist, derartig komplexe Projekte zu bearbeiten.

Ein Plan, dessen Vollendung Gerd Winner zu gönnen wäre, für den er bereits erhebliche Vorarbeiten geleistet hat und für dessen Ausführung er die absolut geeignete Persönlichkeit wäre, besteht in der vergleichenden künstlerischen Analyse des figurativen Aufbaus und der figurativen Beziehung großer europäischer Kathedralen wie Chartres, Notre Dame in Paris, dem Straßburger Münster, dem Kölner Dom und St. Paul's in London. Er möchte die Innenräume der Kathedralen als transitorische Außenräume darstellen, eine Idee, die ihn seit den Londoner Docklands begleitet. Er möchte sie obendrein als überirdische Farbräume gestalten, mit den Farben des Lichts gotische Ideen modern vermitteln, die Lichtstrukturen ihrer farbigen Fenster mit Spektralfarben auf die Architekturen projizieren.

Im obersten Stockwerk des alten Hörfunkgebäudes des Kölner WDR hängen rings um den großen Sitzungssaal 25 sogenannte ›Fensterbilder‹ des Kölner Doms, die zu den schönsten, nie publizierten Arbeiten Gerd Winners gehören und einen vielversprechenden Anfang des Kathedralenprojekts darstellen (vgl. Abb. S. 163).

Und vielleicht ist es ja gerade der Unfalltod seiner Frau Ingema am 19. Januar 1998, die über 35 Jahre hinweg seinem Werk Inspirationsquell und Diskussionspartner gewesen ist, der ihn dazu bewegt, sich tiefer auf dieses Projekt einzulassen.

In den Monaten unmittelbar nach dem Tod seiner Frau hat Gerd Winner bereits ein Epitaph von 15 Tafeln im Format 1,24 x 1,24 m geschaffen, das in Schwarz, Rot und Weiß gleichermaßen Roadmark- und Kreuzweg-Motive aufnimmt und mit denen der *Kreuztrilogie I* für seine Mutter Anna, nach deren Tod 1989, verschmilzt.

In rastloser Arbeit hat er aber auch eine von Ingemas letzten Ideen, die eines 26 m langen, 6,5 m hohen, 7 m breiten Mahnmals für die Opfer des Konzentrationslagers Bergen-Belsen, weiterentwickelt und im realisierungsbereiten Edelstahlmodell ausgearbeitet.

In einer Memento-mori-Serigraphie für Ingema erhebt sich in wunderbar leuchtenden Farben die Nike von Samothrake in die Lüfte, durchläuft eine Transformation zum christlichen Engel, und ihre sich vom materiellen Körper lösende Seele schwebt mit dem Kreuz gen Himmel. Die antike Siegesgöttin besiegt den Tod und erfährt eine Metamorphose zu ewigem Leben. Auch für diese Arbeit hat eine eigene Photographie der Nike (190 v. Chr.) im Pariser Louvre als Ausgangspunkt gedient und einen ungemein malerischen Verwandlungsprozeß erfahren. Sie ist damit gewissermaßen eine Summe von Gerd Winners bisherigem Lebenswerk.

Deutlich wird, daß die Auseinandersetzung mit der Photographie und computergenerierten Bildern in Winners künftigem Werk an

Dominanz zunehmen wird. Das wird eine weitere Umstrukturierung und Modernisierung seiner Werkstatt bedingen. Die Leidenschaft für Architektur und Stadt, das Verfallensein an die Metropolen Berlin, London und New York aber wird bleiben.

Und wenn Italo Calvino im Kapitel ›Die Städte und die Zeichen 5‹ seiner *Unsichtbaren Städte* gesagt hat:

»Keiner weiß besser als du, weiser Kublai, daß man die Stadt niemals mit der Rede verwechseln darf, die sie beschreibt. Und doch gibt es zwischen der einen und der anderen eine Beziehung«,[60]

so gilt dies für Gerd Winners Bilder ebenso wie für diese Publikation über seine Bilder.

Anmerkungen

Motto auf S. 7: Italo Calvino, *Die unsichtbaren Städte*, München 1975, S. 191.

Die Mottos zu den einzelnen Kapiteln wie auch alle Winner-Zitate entstammen Interviews, die der Verfasser am 16. und 17.1.1998 mit Gerd Winner geführt hat.

1 *Medien der Zukunft – Zukunft der Medien. Zwanzig Künstler aus elf Nationen beziehen Stellung zum Thema Medien und Zukunft*, Ernst August Quensen (Hrsg.), FAZ-Buch, 1988.
2 Heinz Mack, in: *Medien der Zukunft …* (Anm. 1), S. 58.
3 Gerd Winner, in: *Medien der Zukunft …* (Anm. 1), S. 76.
4 Nina Börnsen, *Gerd Winner*, Braunschweig 1983, S.12–13.
5 Walter Koschatzky, *Die Kunst der Graphik. Technik, Geschichte, Meisterwerke*, München 1975, S. 195.
6 Vgl. Börnsen (Anm. 4), S. 13.
7 Lothar Romain, ›Zum Räderwerk‹ (von Gerd Winner), in: *Gerd Winner–Räderwerk*, Volkswagenwerk AG (Hrsg.), Wolfsburg 1984, S. 7–27, Zitat S. 11.
8 Lothar Romain, ›Traffic‹, in: *Gerd Winner: Stadt Raum, Urban Scapes*, Roemer- und Pelizaeus-Museum, Hildesheim, Ernst August Quensen (Hrsg.), Lamspringe 1996, S. 27.
9 Vgl. Christine Lindey, *Superrealist Painting and Sculpture*, New York 1980, S. 69.
10 Alfred Nemeczek, ›Geborgenheit in der Masse. Gerd Winners ‚Tokyo Projekt'‹, in: *art*, Nr. 2/Februar 1981, S. 78–83, Zitat S. 78.
11 Lothar Romain, ›Über Gerd Winner‹, in: *Emergency. 200 Jahre Hessische Brandversicherungskammer Darmstadt. 1777–1977*, Darmstadt 1977, S. 63–72.
12 Ebd., S. 70.
13 *NO*, Dieter Blume und Bernd Riede (Hrsg.), Braunschweig 1983, Auflage 1000 Exemplare.
14 *ARABIAN WALLS*, Mappenwerk, gedruckt von Chris Prater, Kelpra Studio, London 1978, 100 Exemplare.
15 Vgl. Peter Weiss, ›Der große Traum des Briefträgers Cheval‹, in: Peter Weiss, *Rapporte I*, Frankfurt am Main 1968, S. 36–50.
16 Italo Calvino, *Die unsichtbaren Städte*, München 1975, S. 23.
17 Heinrich Mersmann, ›Mit den Augen Gerd Winners entdeckt: Bilderwelt der Technik‹, in: *Gerd Winner, Projekt Schulzentrum ›Bei der Eiche‹, Goslar/Oker, 1977*, Stadt Goslar (Hrsg.), Goslar 1978, S. 6.
18 Dieter Blume (Hrsg.), *Winner – Bilder und Graphik – Paintings and Graphics 1970–1980*, Braunschweig 1980, S. 191.
19 Peter M. Bode, ›Als die Häuser noch schön waren. Geschichten aus einer versunkenen Epoche‹, in: *art*, Nr. 8/August 1982, S. 17–35, Zitat S. 29.
20 Vgl. *Gerd Winner, City-Light-Motion – Urbane Strukturen. U-Bahn Piusstraße Köln-Ehrenfeld 1989*, Peter Nestler/Kölnisches Stadtmuseum (Hrsg.), Lamspringe 1990.
21 Lothar Romain, ›Lichter der Großstadt. Über Gerd Winners Bildgestaltung des U-Bahnhofs Piusstraße‹, in: *Gerd Winner, City-Light-Motion …* (Anm. 20), S. 9–15.
22 Ebd., S. 13.
23 Oswald Mathias Ungers, ›Stadtinseln im Meer der Metropole‹, in: *Das Neue Berlin. Baugeschichte und Stadtplanung der deutschen Hauptstadt*, Michael Mönninger (Hrsg.), Frankfurt am Main 1991, S. 214–223, Zitat S. 214.
24 Eberhard Roters, ›Gerd Winners Berlin-Suiten‹, in: *Gerd Winner. Urbane Strukturen. Urban Structures 1980–1990*, Ernst August Quensen (Hrsg.), Lamspringe 1991, S. 33–44, Zitat S. 38.
25 Ebd., S. 39.
26 Ebd., S. 41.
27 Ebd., S. 43.
28 Aus De Chirico, ›Vorahnungen 1911–1915‹, zitiert in: *Arnold Böcklin, Giorgio de Chirico, Max Ernst. Eine Reise ins Ungewisse*, Katalog zur Ausstellung im Kunsthaus Zürich, Haus der Kunst München, Nationalgalerie Berlin 1998, Guido Magnaguagno und Juri Steiner (Hrsg.), Bern 1998, S. 111.
29 James Thomson, ›City of Dreadful Night‹, in: *Poems and some Letters*, A. Ridler (Hrsg.), London 1963, S. 195.
30 Vgl. Richard W. Gassen, ›Bilder von Städten. Ikonographische Anmerkungen zu Gerd Winners jüngsten Städtezyklen‹, in: *Gerd Winner. Urbane Strukturen 1980–1990* (Anm. 24), S. 23–32, Zitat aus Rolf Wedewer, *Landschaftsmalerei zwischen Traum und Wirklichkeit*, Köln 1978, S. 191 f.
31 Italo Calvino (Anm. 16), S. 121.
32 Der umfassendste, in der Bildqualität beste Katalog, dessen Abbildungen bis 1996 reichen, ist der von Ernst August Quensen im Auftrag des Roemer- und Pelizaeus-Museums, Hildesheim, zur Winner-Ausstellung vom 21.9.–2.12.1996 herausgegebene, großformatige Band *Gerd Winner. Stadt Raum Urban Scapes Urbane Strukturen, Berlin – London – New York 1968–1996*, Lamspringe 1996. Darin sind neben Originalbeiträgen auch zahlreiche frühere Aufsätze zum Werk Winners erneut abgedruckt. Dieser Katalog war jedoch schon mit Ausstellungsende vergriffen.
33 Walter Vitt, ›Sky Lyric No. 9‹, aus SKY LYRICS, 1993, unveröffentlichtes Manuskript.
34 ›42nd Street N.Y. Interview Ernst August Quensen mit Gerd Winner‹, in: *Gerd Winner. Stadt Raum Urban Scapes …* (Anm. 32), S. 175.
35 Hani Rashid und Lise-Anne Couture, ›Hyperfine Splitting‹, in: *Architecture and Urbanism*, No. 283, April 1994, S. 108–138, Zitat S. 122.
36 Italo Calvino (Anm. 16), S. 25.
37 Hans-Albert Gunk OP, ›Zeichen werden Bilder und Bilder werden Zeichen. Anmerkungen zu Arbeiten des Künstlers Gerd Winner‹, in: *Gerd Winner. Stadt Raum Urban Scapes …* (Anm. 32), S. 242–247, Zitat S. 244.
38 Dieter Blume, ›Materialien zu SLOW‹, in: *Winner – Bilder und Graphik 1970–1980* (Anm. 18), S. 29 und 36.
39 Alfred Nemeczek (Anm. 10), S. 78–83, Zitat S. 79.
40 Vgl. Hans-Albert Gunk OP (Anm. 37), S. 246.
41 Ebd., vgl. auch *Gerd Winner. Altarbild Kreuztrilogie Rosenkranz*, Dominikanerkloster St. Albertus Magnus, Braunschweig (Hrsg.), Braunschweig 1990. Die Einzelbeiträge befassen sich, aufeinander abgestimmt, mit der theologischen Relevanz moderner Kunst, Kreuzesdarstellungen aus kunsthistorischer Sicht sowie der Deutung von Gerd Winners Arbeit für das Kloster und außerhalb des Klosters.
42 Zitiert in: Alfred Nemeczek (Anm. 10), S. 78.
43 Walter Henn, ›Der Architekt und der Künstler‹, in: *Gerd Winner–Räderwerk* (Anm. 7), S. 74.
44 Lothar Romain (Anm. 7), S. 21.
45 Ebd., S. 25 und 27.
46 Lothar Romain, ›Kunst im Bau als Funktion des Raumes‹, in: *BEWAG Kraftwerk Moabit. Architektur und Kunst 1900–1990*, Berliner Kraft- und Licht (BEWAG)-AG, Berlin 1990, S. 87–99, Zitat S. 87.
47 Vgl. *Gerd Winner, City-Light-Motion …* (Anm. 20), S. 103–119.
48 Oskar Lafontaine, ›Vorwort‹ in: *Hochzeit der Künste, Bauherren, Architekten und Künstler im kreativen Prozeß am Beispiel der Union Krankenversicherungs AG Saarbrücken*, Ernst August Quensen (Hrsg.), Lamspringe 1998, S. 9.
49 Zitiert aus der Beurteilung des Preisgerichts für den Neubau der UKV Saarbrücken, in: *Hochzeit der Künste …* (Anm. 48), S. 26.
50 Manfred Sack, ›Über die neuen Gebäude der Union Krankenversicherung in Saarbrücken‹, in: *Hochzeit der Künste …* (Anm. 48), S. 14–21, Zitat S. 14.
51 Vgl. ebd., S. 16.
52 Vgl. ebd.
53 Vgl. ebd.
54 Vgl. Hanno Dutt, Gerhard Hegelmann, Jürgen Frantz, ›Landschaftsarchitektonische Idee und Entwicklung‹, in: *Hochzeit der Künste …* (Anm. 48), S. 53–63.
55 Bernhard Holoczek, ›Vorwort‹ in: *Gerd Winner. Urbane Strukturen 1980–1990* (Anm. 24), S. 13.
56 Bernhard Holoczek (Hrsg.), *Winners Photographisches Skizzenbuch*, Kunstverein Braunschweig 1977, S. 7.
57 Ebd.
58 Vgl. Lothar Romain, ›Über Gerd Winner‹ (Anm. 11), S. 70.
59 Lothar Romain, ›Das Innere der Oberfläche und die Wirklichkeit der Zeichen‹, in: *Gerd Winner. Urbane Strukturen 1980–1990* (Anm. 24), S. 18.
60 Italo Calvino (Anm. 16), S. 69.

1 Gerd Winner mit 24 Jahren
2 Gerd Winner (rechts) zusammen mit seinem Kunsterzieher Gottlieb Mordmüller
3 Die Klasse Sam Vanni in Helsinki: Gerd Winner (rechts), Sam Vanni (2. von links)
4 Werner Volkert, Professor an der Hochschule für Bildende Künste Berlin
5 Reinhard Wagner, mit dem Gerd Winner während der Studienzeit ein ›Figurentheater‹ gründete
6 Mit Karl Heinz Droste vor dem Atelier Nachodstraße, Berlin, 1966
7 In London 1969
8 Joe Tilson (links), Chris Prater (Mitte) und Gerd Winner auf dem Dach des Kelpra Studios, London

Biographie, Projekte und Ausstellungen

(A) = Ausstellung
(K) = Katalog

1936
in Braunschweig geboren

1942–1956
Schulzeit in Braunschweig
Kunstunterricht bei Gottlieb Mordmüller

1956–1962
Hochschule für Bildende Künste Berlin
Studium bei Werner Volkert

1958
Studienstiftung des deutschen Volkes
Auslandsstipendium für Helsinki

1959/1960
Suomen Taide-akatemian Koulu, Helsinki, bei Sam Vanni, Helsinki, Galerie Fenestra (erste Einzelausstellung)

1961/1962
Meisterschüler bei Werner Volkert

1962–1964
Referendarzeit an Berliner Gymnasien

1963
Heirat mit der Malerin Ingema Reuter
Gründung der Galerie Mikro, Berlin, zusammen mit Mike Cullen, Robin Davies, Horst Henschel, Ingema Reuter

1964
Als freier Maler und Graphiker in Berlin tätig; Radierungen, Graphikserien: Traffic, Monster, Torso, Verwandlungen

1965
Berlin, Galerie Mikro (A/K)
Göppingen, Galerie in Hailing (A)
Gießen, Galerie Sous Sol (A)

1966
Frankfurt, Galerie für Graphikfreunde (A)
Bremen, Werkstatt Schnoor (A)
Braunschweig, Städtisches Museum (A/K)

1967
Berlin, Galerie Gerda Bassenge (A)
Dortmund, Museum am Ostwall (A/K)
Wolfsburg, Galerie C. D. Rothe (A)

1968
Siebdrucke: Beginn der Zusammenarbeit mit Hajo Schulpius und Jan Hinrichs (bis 1971)
Berlin, Galerie Mikro
Duisburg, Galerie Nos (A)
Hameln, Kunstkreis (A)
Berlin, Galerie im Schinkelsaal (Droste–Winner) (A/K)
Bremen, Werkstatt Schnoor (A)

1969
London, erste Reise zur Vorbereitung der Zusammenarbeit mit Chris Prater, Kelpra Studio, zusammen mit Mike Cullen
Siebdruckserien Lorry I und Lorry II
Kunstpreis für Graphik, Wolfsburg, ›Junge Stadt sieht junge Kunst‹, mit Peter Sorge (A/K)
Gießen, Galerie Sous Sol (A)
Wildeshausen, Galerie in Wildeshausen (A)
München, Galerie Dr. Hartmann, Villa Stuck (A)
Köln, Galerie am Rhein (A)

1970
Einladung des British Council nach London
Aufenthalt in London, Beginn der Zusammenarbeit mit Chris Prater, Kelpra Studio
Januar bis April: Arbeitsaufenthalt im Studio von Peter Sedgley

Siebdruckserien St. Katharine's Way, London Transport, Container,
   Blueprints, London Docks, Berlin Suite
Lübeck, Overbeck-Gesellschaft (A/K)
Braunschweig, Galerie Querschnitt (A)
Berlin, Haus am Waldsee (Tilson–Winner) (A/K)

1971

Wandbilder Lokomotive, Calvör Schulzentrum Clausthal-Zellerfeld,
   Zusammenarbeit mit Architekt Horst Beier
6teiliges Ambiente, Ausbildungszentrum der Bundespost
   Braunschweig
Editionen Lokomotive, Mappe mit 7 Siebdrucken (Hajo Schulpius),
   Rembrandt Verlag
Clink Wharf, London Docks I und II (Prater), Edition Marlborough
   Graphics, London
Wolfsburg, Kunstverein (Tilson–Winner) (A/K)
Köln, Galerie Thelen (A)
München, Staatliche Graphische Sammlung (A/K)

1972

Zusammenarbeit mit
   Kelpra Edition,
   London; Sieb-
   druckserien Slow,
   Underground,
   Aberdeen Road,
   Thames Sunday,
   Afternoon
Dockland, Edition
   Galerie 2000, Berlin
Braunschweig und Dortmund, Wharf, Edition
   Galerie Schmücking
Großformatige Siebdrucke (Mischtechnik) in
   Zusammenarbeit mit Hajo Schulpius
New York, erster Arbeitsaufenthalt, Reise
   durch USA zusammen mit Ingema Reuter,
   Luitpold und Karin Domberger
Assistent bei Mac Zimmermann, Einrichtung
   einer Werkstatt für Radierung
Staatliche Akademie für Bildende Künste, München
Deutscher Kritikerpreis für bildende Kunst, Berlin
Kunstpreis für Graphik, Biennale Lugano
Braunschweig, Herzog Anton Ulrich-Museum (A)
Berlin, Galerie 2000 (A)

1973

Arbeitsprozesse Siebdruck: Emergency Escape, New York
Winner im Kölner Kunstverein, Zusammenarbeit mit Hajo Schulpius
Konzept und Einrichtung der graphischen Werkstätten innerhalb
   der Ausstellung (A/K)
Photodokumentation Adolf Clemens (K)

Graphische Techni-
   ken, Neuer Berli-
   ner Kunstverein,
   Berlin (A/K)
Wandbild, Stahl-
   emaille (Alape),
   Postzentrum
   Goslar
London, Fortsetzung
   der Zusammen-
   arbeit mit Chris
   Prater, Kelpra Studio
Arbeitsaufenthalt in New York
Kunstpreis für Graphik, Ljubljana
Kunstpreis für
   Graphik, World
   Graphic Com-
   petition, San
   Francisco
London, Marlborough
   Graphics (A/K)
Köln, Kölnischer
   Kunstverein (A/K)
Köln, Galerie Thelen
   (A)
Braunschweig,
   Galerie
   Schmücking (A)
Nürnberg, Institut für
   Moderne Kunst, Schmidtbank (A)
Stuttgart, Galerie Valentin (A)
Hamburg, Galerie Wentzel (A)

1974

London, Projekt Making a Print.
   Dokumentation eines Druckprozesses
Portfolio, Kelpra Edition, London.
   Zusammenarbeit mit Chris Prater
Wandbild, Stahlemaille, Französisches
   Gymnasium Berlin
Greenline Bus, Schulzentrum Weddel
Zusammenarbeit, Siebdruck im Atelier
   Domberger, Stuttgart
Einrichtung der Werkstatt Liebenburg
Kunstpreis für Graphik, Biennale Krakau
München, Galerie Stangl (A)

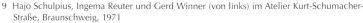

9 Hajo Schulpius, Ingema Reuter und Gerd Winner (von links) im Atelier Kurt-Schumacher-
   Straße, Braunschweig, 1971
10 Mac Zimmermann, der Gerd Winner 1972 als Assistenten an die Münchner Akademie holte
11 Mit Hajo Schulpius (liegend) beim Einrichten eines Siebes in der Braunschweiger Werkstatt
12 Im Liebenburger Atelier, 1973
13 Zusammen mit Lucy Schauer vom Neuen Berliner Kunstverein, 1973

Reutlingen, Galerie Domberger (A)
Paris, Galerie Craven (A)
Basel, Galerie Schmücking (A)
Berlin, Galerie 2000 (A)
Bonn, Bundesministerium für Raumordnung, Bauwesen und Städtebau (A)
Bristol, Arnolfini Gallery (A)
Aarhus, Kunstmuseum (A)

1975
Wandbild Berufsschulzentrum Osnabrück
Wandbild J.G.S. Wilhelmshaven
Didaktische Arbeitsprozesse, Heidelberger Kunstverein (A/K)
Lehrstuhl für Malerei und Graphik an der Staatlichen Akademie für Bildende Künste, München
Riyadh Projekt (in Planung), Zusammenarbeit mit Bernd Riede und dem Büro Rolf Gutbrod
Bremen, Kunsthalle (A/K)
Darmstadt, Kunsthalle (A/K)
Heidelberg, Kunstverein (A/K)
Köln, Galerie Joellenbeck (A)
London, Gallery 21 (A)

1976
Emergency-Projekt, für documenta 6, Kassel, in Zusammenarbeit mit Hajo Schulpius, Lothar Romain und Hermann Kleinstück
Wilhelmshaven, Kunsthalle (A)
Wuppertal, Städtische Bühnen (A)
Berlin, Neuer Berliner Kunstverein in der Neuen Nationalgalerie (A/K)

14 Ingema Reuter (Mitte) mit dem Galeristenehepaar Rolf und Henni Schmücking 1973 in London
15 Gerd Winner mit Frau Grcicz, Horst Henschel, Rudolf Sparing und dem Galeristen Bogislav v. Wentzel (von links) bei der Ausstellungseröffnung im Wuppertaler Schauspielhaus
16 Emergency-Installation auf der documenta 6 in Kassel, 1976
17 Teepause mit Jürgen v. Gagern

1977
Projekt Schulzentrum ›Bei der Eiche‹, Goslar-Oker. 3 Stahl-Aluminium-Objekte
Amalien-Projekt, Amalienpassage, Maxvorstadt, München. Stahl-Emaille-Relief, in Zusammenarbeit mit Jürgen und Eva-Maria v. Gagern und Hajo Schulpius, Ausführung Alape, Goslar
Braunschweig, Galerie Schmücking (A)
Braunschweig, Kunstverein (A)
Darmstadt, Kunsthalle (Emergency) (A/K)

1978
Waterloo-Projekt, Darmstadt, in Zusammenarbeit mit Hajo Schulpius und Bert Seidel sowie Architektengemeinschaft Hausmann und Partner

East-One Buchobjekt, Kelpra Edition: Siebdrucke in Zusammenarbeit mit Chris Prater, London
Duisburg, Galerie Hilger und Schmeer (A)

1979
Projekt Schule Liebenburg, Liebenburg
Projekt Fernmeldeturm, Bundespost Frankfurt/Main, in Zusammenarbeit mit Johannes Möhrle und Hajo Schulpius
Wasserbewegung, Wandbild Gliesmarode in Zusammenarbeit mit Wolfgang Schrade, Gerhard Glogowski, Hajo Schulpius
Studienreise nach Tokio. Tokyo Projekt (Magazin *art*, Hamburg)
Arts Council of Great Britain, Art Award, Bradford Print Biennale
Bochum, Galerie Kückels (A)
Bern, Aktionsgalerie (A)
London, Museum of London (Making a Print) (A)
Aberdeen, Art Gallery (A)
Edinburgh, Print Workshop (Making a Print) (A)
Aberdeen, Peacock Print Makers Workshop (A)
London, Victoria and Albert Museum (East One) (A)

Biographie, Projekte und Ausstellungen

1980
Screenprinting
Kelpra Studio, Chris Prater, London
Kunstpreis Norwegische Graphik Biennale
Oxford, Oxford Gallery
Goslar, Mönchehaus-Museum
Hamburg, Galerie Wentzel

1981
Tokyo Projekt. 12teiliges Wandbild. Zyklus graphischer Arbeiten (Reflections), ›end‹ works
Braunschweig, Galerie Schmücking (A)
Neunkirchen (Saar), Rathaus (A)
Hannover, Galerie Holtmann (A)
Speyer, Kunstverein (A)

1982
Einladung Canada Council: Gastprofessur an der University of Regina, Saskatchewan
März bis Juni Reisen in Kanada und USA
Videodokumentation, Arbeitsprozeß, University of Lethbridge, Alberta
Photoserien NO und Roadmarks in Kanada und USA
Braunschweig, Wandbild Wegkreuze – Kreuzwege in Zusammenarbeit mit P. Silvester Beckers und Dominikaner-Konvent
IPSCO-Zeichen: 1982/83 Dead End Ahead, Stop – Look – Listen – Main Line

Hamburg, Galerie Büning (A)
Saskatchewan, Mackenzie Art Gallery – University of Regina (A)
Alberta, University of Lethbridge (A)
Dresden, Galerie Mitte (A)

1983
Wandbild Räderwerk, Auftrag, VW-Forschungszentrum Wolfsburg, mit Hajo Schulpius, Walter Henn, Thomas Petersen, Ernst Fiala, Ulrich Seifert, Heinz Pohlmann, Jürgen Hartig, Günter Hagemann

NO, Buchobjekt in Zusammenarbeit mit Dieter Blume und Bernd Riede, Kunstverein Braunschweig, Chris Prater, London
NO-Projekt, Kelpra Edition, Bilder und Graphikzyklus Roadmarks
Beginn Darmstädter Wand, 3,60 x 6 m
Wandbilder TUI International Hannover, Zusammenarbeit mit Hajo Schulpius, Architektengemeinschaft Bahlo, Köhnke, Stossberg; Art Consultant Achenbach und Kimmerich, Düsseldorf
Basel, Galerie Schmücking (A)
Leverkusen, Städtisches Museum (A)
Gifhorn, Förderkreis Moderne Kunst (A)
Hannover, Kubus (A)

18 Der Künstler mit Bogislav v. Wentzel in dessen Galerie vor einem Werk aus der Dockland-Serie
19 Mit dem Galeristen Rolf Schmücking vor Roadmarks-Bildern des 12teiligen Tokyo Projekts
20 Photographie Gerd Winner mit Roadmarks (Mehrfachbelichtung)
21 Gerd Winner photographiert Roadmarks
22 Hajo Schulpius, Ingema Reuter, Thomas Petersen, Gerd Winner, Günter Hagemann (von links) vor Räderwerk-Druck

1984

Roadmarks, Bilder und Graphik
Beginn der Zusammenarbeit mit Ernst August Quensen
Graphikserie Roadmarks, Lamspringe
Langelsheim, Wandbild Kirche, in Zusammenarbeit mit Hajo Schulpius, Reinhard Rummler, Peter Herbst, Michael Nettusch
Göttingen, Theater, Foyer, Roadmarks (Türen), Jochen Brandi, Klaus Hoffmann
Gifhorn, Rathaus, Wandbild, Architektengemeinschaft Lindemann, Thamm
Nürnberg, Räderwand Plärrer, Nordstern Versicherung, Architekt Heinz Kuhfeld
Goslar, Mönchehaus-Museum (A)
Berlin, Galerie Rampold (A)
Salzgitter, Kunstverein (A)

1985

Krefeld, Glaswand, Dresdner Bank, Architekten: Walter Henn und Thomas Petersen
Nürnberg, Räderwand Plärrer, Nordstern Versicherung, Architekt Heinz Kuhfeld
Darmstadt Stadtbild, Helaba, H. W. Scheller
Hannover Triptychon, Finanzamt Nord, Architektengemeinschaft Bahlo, Köhnke, Stossberg
Göttingen, Projekt Feuerwache, Architekt Klaus Hoffmann
Salzburger Passion, Graphikzyklus
Braunschweig Triptychon, Richard Borek, Architektengemeinschaft Lindemann, Thamm
Frankfurter Projekt, Helaba Frankfurt, H. W. Scheller (A)
Köln, WDR, Graphikzyklus Kölner Fenster (Walter Vitt) (A)
München, Galerie in der Finkenstraße (A)
Göttingen, Kunstverein, Deutsche Gesellschaft für Christliche Kunst (A)
Salzburg, Georg-Trakl-Haus (A)
Salzburg, Internationale Sommerakademie, Gastprofessur

23

1986

Düsseldorf, Victoria Versicherung, Berlin-Düsseldorf
Art Consultant Helge Achenbach, Wandbild 2,10 x 14 m
Berlin, Graphikzyklus Projekt Kraftwerk
Köln, Projekt U-Bahn-Station, Piusstraße, 4711
Zyklus Licht/Schatten, Light/Shadow
Frankfurt, Helaba, Graphikzyklus Frankfurter Türme
Graphikzyklus Times Square, New York
Wolfenbüttel, Galerie Mathea
Gifhorn, Rathaus, Projekt Licht/Schatten (A)
Gießen, Galerie Schäfer
München, Kunstkubus (A)

24

1987

Berlin, Projekt Kraftwerk BEWAG, Graphikzyklus, Wandbild
Köln, Projekt U-Bahn-Station, Piusstraße, 4711
Braunschweig, Kreuztrilogie Rosenkranz, Dominikanerkloster St. Albertus Magnus, P. Silvester Beckers, P. Hans-Albert Gunk, P. Wolfgang Stickler und Dominikaner-Konvent
Flensburg, Projekt LZB Flensburg, Architekt Jochen Pysall
Graphikzyklus Times Square, New York
Berlin, Galerie Rampoldt, Berlin Suite (A)
Braunschweig, Roadmarks, van Achten (A)
Frankfurt, Galerie Schäfer (A)
Beginn der Zusammenarbeit mit Detlef Krämer in der Liebenburger Werkstatt

25

---

23 Mit Günter Hagemann und dem Ehepaar Veronika und Peter Nestler bei der Einweihung des Räderwerks im VW-Forschungszentrum, Wolfsburg
24 Heinrich Mersmann, Gerd Winner und Ernst August Quensen (von links) in Lamspringe vor Andrucken des Buches Roadmarks
25 P. Hans-Albert Gunk in der Winner-Ausstellung im Dominikanerkloster St. Albertus Magnus, Braunschweig, 1990

1988

Projekt Times Square, New York, Graphikzyklus
Berlin, Projekt Kraftwerk BEWAG, Graphikzyklus, Wandbild
Köln, Projekt U-Bahn-Station, Piusstraße, 4711
München, Wandbilder LZB, Art Consultant Helge Achenbach
Dortmund, Fernmeldeamt Dortmund, Architektengemeinschaft Henn, Petersen, Ring
Goslar, Wandbild Kreishaus, Landkreis, in Zusammenarbeit mit Erhard Müller, Ludwig Bamberg, Günter Distelrath, Rolf Schima
Wiesbaden, Bundeskriminalamt, Roadmarks, Architektengemeinschaft Bert Seidel, Hauser und Partner; Darmstadt
Labyrinth, 16teiliges Wandbild, 4,80 x 7,20 m
Roadmarks – Zebra crossing, 16teilig, Oerlinghausen
Graphikzyklus Synagoge – Spuren – Zeichen, Radierungen (A/K)
Kraftwerk Herford-Minden-Ravensburg, Elektrizität
Landeszentralbank Bremerhaven, Wandbild, Architektengemeinschaft Pysall und Stahrenberg
Ludwigshafen/Rhein, Wilhelm-Hack-Museum (A/K)
Hannover, Sprengel-Museum (A/K)

1989

Köln, U-Bahn-Projekt, Station Piusstraße, Köln-Ehrenfeld, 2,25 x 196 m, in Zusammenarbeit mit Peter Nestler, Hubertus Oelmann, Architektengemeinschaft Orend, Funda
Berlin, Projekt Kraftwerk Moabit BEWAG
Bremerhaven, Wandbild Landeszentralbank Bremen, Zweigstelle Bremerhaven, Architektengemeinschaft Pysall und Stahrenberg
Herford, Projekt Kraftwerk, Herford-Minden-Ravensburg, Elektrizität, Wandbilder in Zusammenarbeit mit Manfred Ragati, Art Consultant Helge Achenbach
Roadmarks Kreuztrilogie, Bilder Hommage à Anna Paulina Josefa Winner
Graphikzyklus City-Light-Motion, Lithographien, Edition Quensen
Bytow, Polen, Altarrelief, Mitarbeit: Witold Chrzan
Braunschweig, Dominikanerkloster St. Albertus Magnus, Kreuztrilogie Rosenkranz-Altar, P. Hans-Albert Gunk, P. Wolfgang Stickler, P. Silvester Beckers und Konvent
Augsburg, Kunstverein (A)
Braunschweig, Galerie Schmücking (A)
Goslar, Mönchehaus-Museum (A)
Oerlinghausen, Synagoge, Kunstverein (A)
Herford, Kraftwerk Herford-Minden-Ravensburg (A)
Augsburg, Galerie Hesz & Co. (A)

1990

Berlin, Kraftwerk Berlin Moabit, Wandbild, 17,6 x 27 m, Architektengemeinschaft Henn, Petersen, Caspari
Bochum, Projekt Telekom, Architekten Zotter, Hentrich
Düsseldorf, Architektengemeinschaft Ring, Petschnigg und Partner
Unterlüß, TZN, Projekt Light-Motion, Wandbilder, Architektengemeinschaft Käferhaus, Kremer, Pfenning, Sieverts und Partner; Braunschweig/Köln
Heidelberg, Projekt Heidelberger Druckmaschinen, Forschungszentrum, Wandbilder, 2,50 x 100 m, Architektengemeinschaft Karst, Hentrich, Petschnigg und Partner; München, Düsseldorf; Konzeption: Winner, Pfitzenmeier, Dorsch
Hannover, TÜV, Triptychon Kraftwerk, 3 x 6,12 m, Architektengemeinschaft Ahrens, Weber; Hannover
Graphikzyklus Light/Shadow
Fortsetzung Graphikzyklus Times Square, New York
München, Projekt Maximilianeum, Graphikzyklus, Beratung: Harry Andreas Kremer (A/K)
Stadttheater Kaiserslautern, Mitarbeit am Bühnenbild von Herbert Buckmiller, ›Seid nett zu Mr. Sloane‹ von Joe Orton, unter Verwendung von Arbeiten über die London Docks
Berlin Suite III, Brandenburger Tor, Foyer der Sparkasse Berlin, Unter den Linden
Braunschweig, Ingenieurgesellschaft für Projekt-Management mbH (IPM) Michael Harmann, Wandrelief, Aluminium, Acryl, Leuchtstoffröhren, Architektengemeinschaft Pysall und Stahrenberg; Konzeption: Winner, Stahrenberg
Maximilianeum, Graphikzyklus (A)

26 U-Bahn-Station Piusstraße, Köln
27 Gerd Winner mit Ingema und seiner Schwester Annemarie Hahn (rechts)
28 Im Liebenburger Atelier mit Detlef Krämer (vorne) und Hajo Schulpius, 1989
29 Reinhard Rummler und Gerd Winner in der Liebenburger Siebdruckwerkstatt, 1990
30 Atelier im Schloß Liebenburg, 1995

Salzgitter-Bad, Foyer der Kreissparkasse, 16teiliges Wandbild, Detlef Krämer, Architekt Schumann; Konzept: Gerd Winner, Günter Distelrath, Rolf Schima

Köln, Stadtmuseum (A)

Kaiserslautern, Theater (A)

Goslar, Forum des Landkreises (A)

Fredelsloh/Solling, Wegzeichen, St. Blasie und Marien (A)

München, Maximilianeum (A)

Hajo Schulpius verläßt das Liebenburger Atelier und eröffnet eine eigene Werkstatt bei Alape, Hahndorf

Das Liebenburger Atelier wird fortan von Detlef Krämer und Reinhard Rummler unter der Leitung von Gerd Winner geführt.

Wiederaufnahme der Reliefarbeiten (Aluminium farbbeschichtet, Chromnickelstahl) in Zusammenarbeit mit Witold Chrzan

1991

Rosenheim, Projekt Telekom, Architektengemeinschaft Sopper, Winkler

Hildesheim, Sparkasse, Glasrelief

Hannover, TUI, Berlin Suite, Brandenburger Tor, Hans Ahrens, Prof. Weber

Cuxhaven, Luftschiffwerk, 5 Supraporten, Flugzeuge

Goslar, Bahnhof-Passage, Lokrad, Stahlemaille

1992

Roadmarks 1992, Wiederaufnahme der Arbeiten an den Wegzeichen

Wolfsburg, St. Bernward, Marienzyklus, mit Ingema Reuter, Peter Herbst

Irsee, Kloster, Ausstellung und Workshop, Sommerakademie mit Detlef Krämer

Augsburg, Urban Camera, mit Michael Hofstetter, Ingema Reuter, Eva Ruhland, Alexander Timtschenko (A/K)

Karlsruhe, Dominikanisches Zentrum, mit Ingema Reuter, P. Hans-Albert Gunk, P. Karl Meier (A)

Menomonie, Furlong Gallery, University of Wisconsin-Stout (A)

Salt Lake City, Utah Museum of Fine Art (A)

Phoenix, Fine Art Center, Arizona State-University, Arizona (A)

St. Louis, BIXBY Gallery, Washington University, Missouri (A)

Casper, Nicolaysen Museum & Discovery Center, Wyoming (A)

Manhattan, Art Building, Kansas State University, Kansas (A)

1993

42nd Street, New York, Beginn des Zyklus, Malerei

Braunschweig, Dominikanerkloster, Marienkapelle, mit Ingema Reuter

Braunschweig, 3 Reliefs, V2A-Stahl, farbig, ALZ

Saarbrücken, Bauprojekt, Roadmarks, Farbkreis, mit Leo Kornbrust, Ernst August Quensen, Architektengemeinschaft Grund, Stempel; Landschaftsarchitekt Dutt

Braunschweig, Times Square, Berlin Suite, mit Michael Munte und Heinrich Schrader, Sammlungsausstellung

Waco, University Gallery, Baylor University, Texas (A)

Davidson, Davidson College Art Gallery, North Carolina (A)

Knoxville, Ewing Gallery, The University of Tennessee (A)

Los Angeles, Fischer Gallery, University of Southern California (A)

1994

Ringelheim, Kreissparkasse, 12teiliges Edelstahlrelief, Architekt Friedrich Wilhelm Kuhn, Konzept: Gerd Winner, Günter Distelrath, Rolf Schima

Duisburg, Haniel-Akademie, 20teiliges Edelstahlrelief

Hamburg, St. Dominikus, mit Ingema Reuter, Düsseldorf, Mainz

Braunschweig, P. Hans-Albert Gunk, P. Wolfgang Stickler und Konvent

Aschaffenburg, Urban Camera, mit Alexander Timtschenko, Dieter Rehm, Ingema Reuter, Michael Hofstetter, Eva Ruhland (A/K)

Göttingen, Universitätsklinikum, Roadmarks, Stahlreliefs

Las Cruces, University Art Gallery, New Mexico State (A)

31

1995

Hamburg, Führungsakademie, Wandbilder, Architekt Pohlmann

Bückeburg, Flugplatz, Wandbilder, Helikopter

Liebenburg, St. Trinitatis, Engel

Viewpoint of an Architect

Celle, St. Ludwig, Wandbilder, mit Ingema Reuter, P. Kasimir Pajor

Göttingen, Galerie Apex (A)

Braunschweig, St. Albertus Magnus, Dominikaner-Konvent, 14 Kreuzwegstationen, Stahlrelief

Mellendorf, St. Maria Immaculata, Hochaltar, mit Ingema Reuter, Karl Heine, Josef Nolte, Architekt Engelhardt

Braunschweig, St. Laurentius, Glasrelief, mit Wolfgang Westphal

Bremerhaven, Foyer der Kreissparkasse, 3 Wandbilder, Supraporten, Architektengemeinschaft Friedrich Wilhelm Kuhn, Lankenau, Virkus, Brüggemann, Dietmar Flohr, Manfred Staats

1996

Magdeburg, Stahlreliefwand, mit Heinz Kuhfeld, Hoppenworth

Braunschweig, Galerie Schmücking, 42nd Street, New York (A)

Köln, WDR, Wandbilder, Urbane Strukturen, Berlin–New York–Köln (A)

Hamburg, Katholische Akademie, Passion, mit Ingema Reuter (A)

Braunschweig, Verwaltungsgebäude Staatsanwaltschaft, Wegkreuze – Kreuzwege (A)

Berlin, Deutschlandradio Rias-Berlin, Kölner-Fenster-Zyklen

Braunschweig, Staatstheater, Eröffnung Kleines Haus, 9 Eröffnungsplakate

Hildesheim, Roemer- und Pelizaeus-Museum (A/K)

Bremerhaven, Städtische Sparkasse, Architekt Friedrich Wilhelm Kuhn

Potsdam, Bergholz-Rehbrügge, Deutsches Institut für Ernährungsforschung, Architekten: Thomas Petersen, Günter Hagemann

32

33

34

31 Zusammenarbeit mit Witold Chrzan
32 Dieter Rehm und Ingema Reuter im Hafen von New York
33 Gerd Winner, Museumsdirektor Manfred Boetzkes und Ernst August Quensen (von links) im Liebenburger Atelier, 1996
34 Die London Docks, 1994 photographiert von Gerd Winner
35 Gerd Winner und sein Kollege Hans Baschang, 1998
36 Das Ehepaar Thomsen mit Gerd Winner in Siegen, Sommer 1998

1997

Braunschweig, Nord LB, Architektengemeinschaft
Wolfenbüttel, Kirchencampus, Maria-Magdalena-Kapelle, mit Ingema Reuter
Liebenburg, Sparkasse, Glasbilder, Konzeption: Gerd Winner, Günter Distelrath, Rolf Schima
Liebenburg, Schloßkapelle, Ave-Maria-Kirchentür, Konzeption: Gerd Winner, Reinhard Roseneck
Mellendorf, St. Maria Immaculata, Marienportal
Saarbrücken, UKV – Union Krankenversicherung, Künstlerische Außengestaltung 4. Rotunde
Wolfsburg, Katholische Kirchengemeinde St. Bernward, Turmkreuz
Uelzen, Kunstverein, Schloß Holdenstedt, Urbane Strukturen – Berlin Suite (A)
Hannover, Photozentrum Zimmermann, photographische Arbeiten (A)
Augsburg, Siller und Laar, Augsburger Suite (A)
Celle, Kirchenkreis, Credo, Ökumene und Kunst, mit Ingema Reuter (A)
Cagnes-sur-mer, Les Musées, 29. Festival de la Peinture (A/K)
Braunschweig, Dominikanerkloster St. Albertus Magnus, Urban Camera, Photographie (A/K)
Hannover, Forum an der Marktkirche, Menschen – Bild – Stadt – Bild, Ingema Reuter, Gerd Winner (A/K)

1998

Wolfenbüttel, Galerie Kirchencampus, Wegekreuze – Kreuzwege (A)
19. Januar, Ingema Reuter-Winner stirbt nach einem Verkehrsunfall in Hildesheim
Goslar, Rammelsberg-Museum, Industrielle Strukturen, Konzeption: Gerd Winner, Reinhard Roseneck (A)
Salzgitter-Watenstedt, Alstom LHB
Traffic, in Zusammenarbeit mit Wolfgang v. Waldstätten
Braunschweig, Bau und Kunst, Konzeption: Lienhard v. Monkiewitsch, Gerd Winner, Michael Munte
Northeim, Kreissparkasse, Triptychon-Wandbild, Konzeption: Gerd Winner, Röwer
Vienenburg, Kreissparkasse, Glaswand
Salzgitter, Kreissparkasse, Glaswand
Bremerhaven, Städtische Sparkasse, Farbgestaltung

Gerd Winner lebt und arbeitet in München und Liebenburg.

35

36

Biographie, Projekte und Ausstellungen 189

Arbeiten in öffentlichen Sammlungen (Auswahl)

Ludwig Forum für Internationale Kunst in Aachen
Basildon Arts Trust
Kupferstichkabinett, Berlin
Neue Nationalgalerie, Berlin
III. Bradford Biennale, Bradford
Städtisches Museum, Braunschweig
Herzog Anton Ulrich-Museum, Braunschweig
Kunsthalle Bremen
Arts Council of Great Britain
Norton Gallery and Museum of Art, Florida
Musée d'Art et d'Histoire, Genf
Kunsthalle Hamburg
University of Iowa
Museum Ludwig, Köln
Leicester Education Authority
Victoria and Albert Museum, London
Museum für Moderne Kunst, Lodz
Staatliche Graphische Sammlung, München
Museum of Modern Art, New York
Museum Boijmans Van Beuningen, Rotterdam
City Art Gallery, Sheffield
Staatsgalerie Stuttgart
National Museum, Warschau
Städtische Sammlung, Schloß Wolfsburg
Sprengel-Museum, Hannover
Sammlung Land Niedersachsen
Hessisches Landesmuseum, Darmstadt
University of Lethbridge, Alberta, Kanada
Norman Mackenzie Art Gallery, University of Regina,
    Saskatchewan, Kanada
Mönchehaus-Museum, Goslar
Graphische Sammlung der Veste Coburg
Kölnisches Stadtmuseum
Wilhelm-Hack-Museum, Ludwigshafen
Albertina, Wien

Filme/Fernsehbeiträge

Projekte

1975
Erie Railrod, zusammen mit Gunther Wulf und Thomas Eyck
1978
Emergency, zusammen mit Oswald Kessenich und Martin Wiebel,
    WDR, Köln
1979/1980
Künstlerischer Siebdruck Gerd Winner – Hajo Schulpius,
    FWU München
1987
Filmprojekt Roadmarks, zusammen mit Ulrich Hainke

Filme über Gerd Winner

1969
Künstlerische Techniken (Radierungen): Hommage à la France II,
    NDR III, Hamburg
1973
Victoria von Flemming, Dockland London, NDR III, Hamburg
1980
Susan Davis, Gerd Winner: Screenprinting technique,
    BBC-Television, London
1984
Roadmarks, in: Aspekte, ZDF, Mainz
1985
Walter Vitt, Kölner Fenster, ZDF, Mainz
1988
Manfred Eichel, Kultur aktuell, Gerd Winner, NDR III, Hamburg

Theaterprojekte, Mitarbeit an Bühnenbildern

1965/1966
Staatstheater Braunschweig, Brecht: Schweijk im 2. Weltkrieg,
    mit Kreil, Wagner, Matiasek
1980
Frankfurter Schauspielhaus, mit Erich Wonder, Prospekt Bankside
1990
Stadttheater Kaiserslautern, Mitarbeit am Bühnenbild von
    Herbert Buckmiller, ›Seid nett zu Mr. Sloane‹ von Joe Orton,
    unter Verwendung von Arbeiten über die London Docks
1996
Staatstheater Braunschweig, Eröffnung Kleines Haus,
    9 Eröffnungsplakate

Auswahlbibliographie

Blume, Dieter und Bernd Riede (Hrsg.), NO, Braunschweig 1983, Auflage 1000 Exemplare.
Blume, Dieter (Hrsg.), *Winner – Bilder und Graphik – Paintings and Graphics 1970–1980*, Braunschweig 1980.
Blume, Dieter, ›Materialien zu SLOW‹, in: *Winner – Bilder und Graphik – Paintings and Graphics 1970–1980*, Braunschweig 1980.
Bode, Peter M., ›Als die Häuser noch schön waren. Geschichten aus einer versunkenen Epoche‹, in: *art*, Nr. 8/August 1982, S. 17–35.
Börnsen, Nina, *Gerd Winner*, Braunschweig 1983.

Calvino, Italo, *Die unsichtbaren Städte*, München 1975.
Chirico, Georgio de, ›Vorahnungen 1911–1915‹, zitiert in: *Arnold Böcklin, Giorgio de Chirico, Max Ernst. Eine Reise ins Ungewisse*, Katalog zur Ausstellung im Kunsthaus Zürich, Haus der Kunst München, Nationalgalerie Berlin 1998, Guido Magnaguagno und Juri Steiner (Hrsg.), Bern 1998, S. 111.

Dutt, Hanno, Gerhard Hegelmann und Jürgen Frantz, ›Landschaftsarchitektonische Idee und Entwicklung‹, in: *Hochzeit der Künste, Bauherren, Architekten und Künstler im kreativen Prozeß am Beispiel der Union Krankenversicherungs AG Saarbrücken*, Ernst August Quensen (Hrsg.), Lamspringe 1998, S. 53–63.

Gassen, Richard W., ›Bilder von Städten. Ikonographische Anmerkungen zu Gerd Winners jüngsten Städtezyklen‹, in: *Gerd Winner. Urbane Strukturen. Urban Structures 1980–1990*, Ernst August Quensen (Hrsg.), Lamspringe 1991, S. 23–32.
Gunk, Hans-Albert, OP, ›Zeichen werden Bilder und Bilder werden Zeichen. Anmerkungen zu Arbeiten des Künstlers Gerd Winner‹, in: *Gerd Winner. Stadt Raum Urban Scapes Urbane Strukturen, Berlin – London – New York 1986–1996*, Lamspringe 1996, S. 242–247.

Henn, Walter, ›Der Architekt und der Künstler‹, in: *Gerd Winner – Räderwerk*, Volkswagenwerk AG (Hrsg.), Wolfsburg 1984, S. 74.
Holoczek, Bernhard, ›Vorwort‹, in: *Gerd Winner. Urbane Strukturen. Urban Structures 1980–1990*, Ernst August Quensen (Hrsg.), Lamspringe 1991, S. 13.
Holoczek, Bernhard (Hrsg.), *Winners Photographisches Skizzenbuch*, Braunschweig 1977.

Koschatzky, Walter, *Die Kunst der Graphik. Technik, Geschichte, Meisterwerke*, München 1975.

Lafontaine, Oskar, ›Vorwort‹, in: *Hochzeit der Künste, Bauherren, Architekten und Künstler im kreativen Prozeß am Beispiel der Union Krankenversicherungs AG Saarbrücken*, Ernst August Quensen (Hrsg.), Lamspringe 1998.
Lindey, Christine, *Superrealist Painting and Sculpture*, New York 1980.

Mack, Heinz, in: *Medien der Zukunft – Zukunft der Medien. Zwanzig Künstler aus elf Nationen beziehen Stellung zum Thema Medien und Zukunft*, Ernst August Quensen (Hrsg.), FAZ-Buch, 1988.
Mersmann, Heinrich, ›Mit den Augen Gerd Winners entdeckt: Bilderwelt der Technik‹, in: *Gerd Winner, Projekt Schulzentrum ›Bei der Eiche‹, Goslar/Oker, 1977*, Stadt Goslar (Hrsg.), Goslar 1978.
Mönninger, Michael (Hrsg.), *Das neue Berlin*, Frankfurt am Main 1991.

Nemeczek, Alfred, ›Geborgenheit in der Masse. Gerd Winners ‚Tokyo Projekt'‹, in: *art*, Nr. 2/Februar 1981, S. 78–83.

Rashid, Hani und Lise-Anne Couture, ›Hyperfine Splitting‹, in: *Architecture and Urbanism*, No. 283, April 1994, S. 108–138.
Romain, Lothar, ›Über Gerd Winner‹, in: *Emergency. 200 Jahre Hessische Brandversicherungskammer Darmstadt. 1777–1977*, Darmstadt 1977, S. 63–72.
Romain, Lothar, ›Zum Räderwerk‹ (von Gerd Winner), in: *Gerd Winner – Räderwerk*, Volkswagenwerk AG (Hrsg.), Wolfsburg 1984, S. 7–27.
Romain, Lothar, ›Kunst im Bau als Funktion des Raumes‹, in: *BEWAG Kraftwerk Moabit. Architektur und Kunst 1900–1990*, Berliner Kraft- und Licht (BEWAG)-AG, Berlin 1990, S. 87–99.
Romain, Lothar, ›Lichter der Großstadt. Über Gerd Winners Bildgestaltung des U-Bahnhofs Piusstraße‹, in: *Gerd Winner, City-Light-Motion – Urbane Strukturen. U-Bahn Piusstraße Köln-Ehrenfeld 1989*, Peter Nestler/Kölnisches Stadtmuseum (Hrsg.), Lamspringe 1990, S. 9–15.
Romain, Lothar, ›Das Innere der Oberfläche und die Wirklichkeit der Zeichen‹, in: *Gerd Winner. Urbane Strukturen. Urban Structures 1980–1990*, Ernst August Quensen (Hrsg.), Lamspringe 1991, S. 18.
Romain, Lothar, ›Traffic‹, in: *Gerd Winner: Stadt Raum, Urban Spaces*, Roemer- und Pelizaeus-Museum, Hildesheim, Ernst August Quensen (Hrsg.), Lamspringe 1996, S. 27.
Roters, Eberhard, ›Gerd Winners Berlin-Suiten‹, in: *Gerd Winner. Urbane Strukturen. Urban Structures 1980–1990*, Ernst August Quensen (Hrsg.), Lamspringe 1991, S. 33–44.

Sack, Manfred, ›Über die neuen Gebäude der Union Krankenversicherung in Saarbrücken‹, in: *Hochzeit der Künste, Bauherren, Architekten und Künstler im kreativen Prozeß am Beispiel der Union Krankenversicherungs AG Saarbrücken*, Ernst August Quensen (Hrsg.), Lamspringe 1998, S. 14–21.

Thomson, James, ›City of Dreadful Night‹, in: *Poems and some Letters*, A. Ridler (Hrsg.), London 1963, S. 195.

Ungers, Oswald Mathias, ›Stadtinseln im Meer der Metropole‹, in: *Das Neue Berlin. Baugeschichte und Stadtplanung der deutschen Hauptstadt*, Michael Mönninger (Hrsg.), Frankfurt am Main 1991, S. 214–223.

Vitt, Walter, ›Sky Lyric No. 9‹, aus SKY LYRICS, 1993, unveröffentlichtes Manuskript.

Weiss, Peter, *Rapporte I*, Frankfurt am Main 1968, S. 36–50.
Winner, Gerd, *Arabian Walls*, Mappenwerk, gedruckt von Chris Prater, Kelpra Studio, London 1978, 100 Exemplare.
Winner, Gerd, in: *Medien der Zukunft – Zukunft der Medien. Zwanzig Künstler aus elf Nationen beziehen Stellung zum Thema Medien und Zukunft*, Ernst August Quensen (Hrsg.), FAZ-Buch, 1988.
Winner, Gerd, *City-Light-Motion – Urbane Strukturen. U-Bahn Piusstraße Köln-Ehrenfeld 1989*, Peter Nestler/Kölnisches Stadtmuseum (Hrsg.), Lamspringe 1990, S. 103–119.

Dieses Buch erschien anläßlich der Ausstellung
›Gerd Winner: Berlin – London – New York‹
im Herz- und Diabeteszentrum NRW, Bad Oeynhausen
(26.9.1998–Januar 1999),
in Braunschweig, Salzgitter sowie an weiteren Stationen.

Auf dem Umschlag
Vorderseite
oben: Berlin Suite II, 1987 (Ausschnitt), s. Abb. S. 10
Mitte: Clink Wharf, Warehouse, 1971 (Ausschnitt), s. Abb. S. 85
unten: 42nd Street, Viewpoint of an Architect, 1995 (Ausschnitt), s. Abb. S. 130
Rückseite
oben: Berlin Suite II, 1987 (Ausschnitt), s. Abb. S. 78
Mitte: NO, 1983 (Ausschnitt), s. Abb. S. 40/41
unten: Canal-Roadmarks, 1983 (Ausschnitt), s. Abb. S. 139

Frontispiz
Times Square, You got the love?, 1993, 140 x 100 cm, Mischtechnik auf Bütten

Die Deutsche Bibliothek – CIP Einheitsaufnahme
Gerd Winner, Berlin, London, New York, Urbane Strukturen :
[anläßlich der Ausstellung "Gerd Winner: Berlin – London – New York" im
Herz- und Diabeteszentrum NRW, Bad Oeynhausen (26.9.1998–Januar 1999), in
Braunschweig, Salzgitter sowie an weiteren Stationen] / Christian W. Thomsen. –
München ; London ; New York : Prestel, 1998
ISBN 3-7913-2010-6

© Prestel-Verlag, München · London · New York, 1998
© für die abgebildeten Werke bei Gerd Winner bzw. den jeweiligen Künstlern

Abbildungsnachweis
Alle Abbildungsvorlagen stammen aus dem Archiv Gerd Winner, mit
Ausnahme von:
S. 44: aus documenta 6-Katalog – 52: Peterhofen – 58: Thomas Karsten –
123 (oben und Mitte): Alexander Timtschenko – 123 (unten): Hani Raschid
und Lise-Anne Couture – 138 (unten): Thomas Karsten – 144: Günther Krause –
147: Peter Gauditz – 149: BEWAG-Archiv – 152: Schambeck/Schmitt –
154/155: Hans-Georg Merkel – 181 (Abb. 4): Wolfram Burkhardt –
183 (15): Peter Dorscheid – 183 (16): aus documenta 6-Katalog –
184 (18): Moldoay – 184 (19): Hartmut Rosen – 184 (21): Wolfgang Stickler –
185 (23): Dietmar Schneider – 186 (26): H. Deeken – 186 (27): Burkhard Hahn –
189 (35): Dr. Stefan Vogel – 189 (36): Jörg Thomsen

Prestel-Verlag, Mandlstraße 26
D-80802 München
Tel. (0 89) 38 17 09-0, Fax (0 89) 38 17 09 35

Lektorat: Sabine Thiel-Siling/Johannes Graf v. Preysing
Gestaltung: Konturwerk, Rainald Schwarz
Reproduktionen: Repro Ludwig, Zell am See
Druck und Bindung: Schoder Druck, Gersthofen

Gedruckt auf chlorfrei gebleichtem Papier
Maximago von 2H-Papier, Garching bei München

Printed in Germany
ISBN 3-7913-2010-6